MAGASIN THEATRAL.

CHOIX DE PIÈCES NOUVELLES,

JOUÉES SUR TOUS LES THÉATRES DE PARIS.

THEATRE DE LA GAITE.

LE CANAL SAINT-MARTIN,

Drame en cinq actes.

PARIS.

MARCHANT, ÉDITEUR

Boulevart Saint-Martin, 12.

BRUXELLES.

TARRIDE, LIBRAIRE, PASSAGE DE LA COMÉDIE.

CATALOGUE DES PIÈCES

DE LA

BIBLIOTHÈQUE DE VILLE ET DE CAMPAGNE,

(2me ÉDITION DU MAGASIN THÉATRAL):

ILLUSTRÉE DE GRAVURES SUR BOIS ET DE PORTRAITS D'ACTEURS.

Chaque volume se vend séparément : 3 fr. 50 c.

TOME PREMIER.

- Marino Faliero, tr. 5 a. par C. Delavigne. 50
- L'Homme du siècle, dr. h. 40
- Le Royaume des femmes, f. 30
- Le Sauveur, com. 3 a. 40
- L'Amitié d'une jeune fille, m. 40
- Je serai Comédien, c. en 1 a. 30
- Le Curé Mérino, dr. 5 a. 50
- Antony, d. 4 a. par Al. Dumas 50
- Le Mari d'une muse, com.-v. 30
- Les 4 Ages du Palais-Royal. 40
- Juliette, dr. en 3 a. 40
- Une Dame de l'Empire, c.-v. 30
- La Paysanne demoiselle, v. 40
- Les Liaisons dangereuses, d. 40
- Un de plus, com.-v. 3 a. 40
- Le Doigt de Dieu, dr. 1 a. 30
- L'honneur dans le crime, d. 50

TOME II.

- Catherine Howard, dr. en 5 a, par Alexandre Dumas. 50
- Une Passion, v. 1 a. 30
- La Vénitienne, dr. 5 a. 50
- Théophile, com.-v. 1 a. 30
- Pécherel l'empailleur, v. 30
- Estelle, com.-v. 1 a. 30
- L'Apprenti, v. en 1 a. 30
- Salvoisy, com. en 2 actes, 40
- Lestocq, op.-com. 4 actes. 50
- Turiaf-le-Pendu, v. 1 a. 30
- Un Enfant, dr 4 a, 40
- Le Capitaine Rolland c.-v. 30
- La Nappe et le Torchon, c.-v. 40
- Les Duels, com.-v. 2 a. 40
- L'Ambitieux, com. 5 a. 50
- Le Commis et la Grisette, v. 30
- Heureuse comme une princesse 40

TOME III.

- Les Enfans d'Edouard, trag. 40
- Mari de la veuve, A. Dumas. 30
- Les Deux Borgnes, fol.-v. 30
- Prêtez-moi 5 francs, mél. 40
- Le Juif errant, drame fant. 50
- La Lectrice, v. 2 a. 40
- La Famille Moronval, dr. 5 a. 50
- Morin, dr. en 5 a. 50
- Mon Ami Grandet, v. 40
- Le Ramoneur, v. 30
- La vie de Napoléon, sc. ép. 30
- Latude, mél. hist. 50
- La Prima Dona, v. 1 a. 40
- Georgette, v. 30
- Le For-l'Evêque, v. 40
- Frétillon, v. en 5 a. 50
- 1834 et 1835, revue épis. 1 a. 30
- La Fille de l'Avare, v. en 2 a. 50

TOME IV.

- Napoléon, par Al. Dumas. 50
- Atar-Gull. mél. 4 a. 40
- Être aimé ou mourir, c.-v. 30
- Dolly, drame en 3 actes. 40
- Les Chauffeurs, mél. en 3 a. 40
- Les Pages de Bassompierre. 30
- Farinelli, com.-hist. 3 a. 40
- La None sanglante, d. 5 a. 50
- La Marquise, op.-com. 1 a. 40
- Fich-Tong-Kang, v. 1 a. 40
- Mademoiselle Marguerite. 30
- Les Gants jaunes, v. 1 a. 40
- Le Cheval de Bronze, o.-c. 3 a. 40
- Les Beignets à la Cour, c. 1 a. 30
- Le Père Goriot, v. 2 a. 40
- Fleurette, drame 3 a. 40
- Etienne et Robert, v. 30
- Une Mère, dr. 2 a. 40

TOME V.

- Charles VII, tragédie en 5 a. par Al. Dumas. 50
- Mad. d'Egmont, com. 3 a. 40
- La Traite des Noirs, drame. 50
- Karl, drame en 4 actes. 40
- La Croix d'or, com.-v. 2 a. 40
- Jeanne de Flandre, mél. 40
- Une Chaumière et son cœur, 40
- On ne passe pas, vaud. 1 a. 30
- Cornaro, parodie d'Angélo. 40
- Cromwell, drame 5 actes, par Cordelier Delanoue. 50
- Mathilde, com. 3 a. 40
- Ma Femme et mon Parapluie. 30
- La Berline de l'Émig. d. 5 a. 50
- Le Curé de Champaubert, v. 40
- L'Habit ne fait pas le moine, 40
- Marguerite de Quélus, d. 3 a. 40
- Les deux Reines, op.-c. 30

TOME VI.

- Thérésa, d. 5 a. par A. Dumas. 50
- Charlotte, dr. 3 a. 40
- La Consigne, com.-v. 1 a. 30
- Pauvre Jacques c.-v. 1 a. 30
- Madelon Friquet, v. 2 a. 40
- L'Aumônier du régiment, 1 a. 40
- Un Mariage sous l'emp. v. 2 a. 40
- La Pensionnaire mariée, c.-v. 40
- Le Mariage raisonnable, c. 1 a. 30
- La Tirelire, com.-v. 1 a. 40
- La tache de sang, d. 3 a. 40
- La Savonnette impériale, v. 40
- André v. 2 a. 40
- Jean-Jean, parodie en 5 pièc. 50
- La Sonnette de nuit, c.-v. 1 a. 40
- La Fiole de Cagliostro, v. 40
- Infidélités de Lisette, v. 3 a. 40
- Les Enragés, tabl. villageois. 30
- Jérusalem délivrée. 50

TOME VII.

- Angèle, d. 5 a. par Alexandre Dumas. 50
- L'Homme du monde, d. 5 a. 50
- Le Conseil de révision, v. 4 a. 40
- Le Procès du mar. Ney, 4 a. 30
- Valentine, dr.-vaud. 2 actes par Scribe et Mélesville. 40
- Coquelicot v. 3 a. 40
- Pensionnat de Montereau. 30
- La Folle, dr. 3 a. 40
- Le Gamin de Paris, c.-v. 2 a. 40
- Le Transfuge, d. en 3 a. 40
- M. et Mme Galochard. 30
- Les Chansons de Désaugiers. 50
- Le Prevôt de Paris, mél. 3 a. 40
- Gilblas, v. 2 a. 40
- Renaudin de Caen, c.-v. 2 a. 40
- Chut! 2 actes, par Scribe. 40
- Cotillon III, c.-v. 1 a. 40

TOME VIII.

- La Chambre Ardente, d. 5 a. par Mélesville et Bayard. 50
- Le Moine, dr. 4 a. 40
- Héloïse et Abeilard, d. 5 a. 50
- La Laide, d. 3 a. 40
- L'Enfant du Faubourg, v. 3 a. 40
- L'Ingénieur, d. 3 a. par Ch. Duveyrier 40
- La Marq. de Prétintaille, v. 1 a. 30
- Don Juan de Marana, myst. par Alex. Dumas. 50
- Le Démon de la nuit, v. 2 a. 40
- Un Procès criminel, c. 3 a. par Rosier. 50
- Le Comte de Born, dr. 3 a. 40
- Un Bal du grand monde, v. 1 a. 40
- Le Barbier du Roi d'Aragon 3 a. par Dupeuty, Fontan et Ader. 40
- Reine, Cardinal et Page, v. 30

TOME IX.

- La Vaubalière, dr. 5 a. 50
- Jeanne Vaubernier, c. 3 a. 40
- Indiana, dr. en 5 parties. 50
- Jours gras sous Charles IX, d. par Lockroy et Arnould. 40
- Mistress Sidons, c.-v. 2 a. 40
- Tout ou Rien, dr. 3 a. 40
- Amazampo, dr. 4 a. 8 t. 50
- Christiern, mél. 3 a. 40
- Casanova, v. 3 a. 40
- Georgine, c.-v. 1 a. 30
- Sir Hugues, par Scribe. dr. 40
- Arriver à propos, v. 1 a. 30
- Marie, par Mme Ancelot. 50
- Pierre le Rouge, par de Rougemont, Dupeuty et Antier. 40
- La Femme de l'épicier, v. 1 a. 30
- L'Épée de mon père, v. 1 a. 30

TOME X.

- Kean, drame en 5 actes par A. Dumas. 50
- Père et Parrain, v. 2 a. 40
- Les Deux Divorces, c.-v. 1 a. 30
- Un Cœur de mère c. v. 2 a. 40
- Jaffier, drame en 5 a. 50
- Le Muet d'Ingouville, c.-v. 2 a 40
- El Gitano, mél. 5 a. 50
- Léon, drame en cinq actes, par Rougemont. 50
- Fils d'un agent de change, 1 a. 30
- Le comte de Charolais, c. 3 a. 40
- Le Mari de la dame de chœurs 50
- Roquelaure, vaud. 4 a. 50
- Madame Favart, com. 3 a par Xavier et Masson. 40
- L'Ambassadrice, op.-c. 3 act. par Scribe. 40

TOME XI.

- L'Année sur la Sellete, rev. 1. 30
- Le Secret de mon oncle, v. 1 a 30
- La Nouvelle Héloïse, dr. 3 a. 40
- Gaspardo, par M. Bouchardy. 50
- La Chevalière d'Eon, v. 2 a. 40
- Le Postillon de Lonjumeau, 40
- Austerlitz, événement hist. 3 a. 40
- Le muet de St-Malo, v. 1 a. 30
- Riche et Pauvre, dr. 5 a. 50
- Stradella, com. 1 a. 40
- La Laitière et les 2 Chasseurs 30
- Huit ans de plus, mél. 3 a. 40
- La Champmeslé, c.-anec. 2 a. 40
- Michel, c.-v. 4 a. 40
- Les sept Infans de Lara, d. 5 a. 50
- Paraviadès, dr. 3 a. 40
- Père et Fils, v. 1 a. 30
- Le Portefeuille ou 2 Familles, 50

TOME XII.

- Riquiqui, com.-vaud. 3 a. 40
- Un grand Orateur, c.-v. 1 a. 30
- Trop heureuse, c.-v. 1 a. 40
- Le Paysan des Alpes, dr. 5 a. 50
- La Vieillesse d'un grand roi, 40
- L'Étudiant et la grande Dame, 40
- La Comtesse du Tonneau, 2 a. 50
- Polly, com.-vaud. 3 a. 40
- Le Bouquet de bal, c. 1 a. 30
- La Vendéenne, c.-v. 1 a. 30
- Julie, com. 5 a. 50
- L'honneur de ma Mère, dr. 5 a. 50
- Eulalie Granger, dr. 5 a. par Rougemont. 50
- Schubry, com.-vaud. 1 a. 30
- L'Ange [illegible], dr.-v. 3 a. 40
- Miel et Vinaigre, c.-v. 1 a. 30
- Femme [illegible]esse, c.-v. 1 a. 30

TOME XIII.

- Un Chef-d'Œuvre inconnu, 40
- Jeanne de Naples, dr. 5 a. 50
- Le Gars, dr. 5 a. 50
- Vouloir c'est Pouvoir, c.-v. 2 a. 40
- Mina, com.-vaud 2 a. 40
- Le 3me et le 4me, v. 1 a. 30
- Le Père de l'Enfant, c.-v. 2 a. 40
- Sans Nom! mystère en 1 a. 40
- L'Agrafe, mélod. 3 a. 40
- Le Mari à la ville et la Femme à la campagne, c.-v. 2 a. 40
- Une Fille de l'Air, féerie, 3 a. 50
- Le Château de ma Nièce, c. 1 a. 30
- La Fille d'un Militaire, c. 2 a. 40
- Le Tour de Faction v. 1 a. 30
- La Double Échelle, op.-c. 1 a. 40
- Bruno le Fileur, v. 2 a. 50
- Un Jour de Grandeur, dr. 3 a. 40

TOME XIV.

- Le Tourlourou, vaud. 1 a. 50
- Le Bon Garçon, op.-c. 1 a. 30
- L'Officier Bleu, dr. 3 a. 50
- Portier je veux de tes cheveux! 40
- Rita l'Espagnole, dr. 4 a. 50
- Piquillo, op.-com. 3 a. 40
- Le Café des Comédiens. v. 1 a. 40
- Thomas Maurevert, dr. 5 a. 50
- Pauvre Mère! dr. 5 a. par Francis Cornu et Auger. 50
- Spectacle à la Cour, c.-v. 2 a. 40
- Le Domino Noir, op.-c. 3 a. par Scribe. 50
- Longue-Épée, dr. 5 a. 50
- Maria Padilla, en 3 a. 40
- Roméo et Juliette, trag. 5 a. par Fréderic Soulié. 50
- La Folie Beaujon, vaud. 30

TOME XV.

- Marquise de Senneterre, c. 3 a. 40
- Caligula, 5 a par A. Dumas. 50
- L'Ile de la Folie, r. 1 a. 30
- La Dame de la Halle, v. 2 a. 30
- Les Saltimbanques, par. 3 a. 40
- A Trente ans, v. 3 actes, par Rosier. 40
- L'Élève de St-Cyr, dr. 5 a. 50
- Marcel, dr. 4 a. 50
- La Maîtresse de Langues, 1 a. 40
- Le Cabaret de Lustucru, 1 a. 40
- L'Interdiction, dr. 2 a. 40
- La Pauvre Fille, mél. 5 a. 50
- Isabelle, com. 3 a. 40
- La Petite Maison, c.-v. 2 a. 40
- La Demoiselle Majeure, v. 1 a. 30
- M. et Mme Pinchon, c.-v. 1 a. 30
- Mlle Bengeville, c.-v. 1 a. 40

TOME XVI.

- [illegible], 2 a. 40
- [illegible] d'une fante, d. 5 a. 50
- [illegible] du délire, v. 1 a. 40
- [illegible], d. 5 a. 50
- [illegible] Capuchon, v. 2 a 40
- [illegible] v. 1 a. 40
- La Bourse de Pézénas v. 1 a. 30
- Lord Surrey, dr. 5 actes par Filion et de Josserand. 50
- Simon Terre-Neuve, c.-v. 1 a. 30
- Gaspard Hauser, d. 4 a. par Anicet et Dennery. 50
- Les deux Pigeons, c.v. 4 a. 40
- Mathias l'Invalide, c.-v. 2 a. 40
- Impressions de Voyages, v. 2 40
- Geneviève de Brabant, m. 4 a. 50
- Ratael, d.-c. 3 a. 40
- Faute de s'entendre, c. 1 a. 40

ACTE III, SCÈNE VIII.

LE CANAL SAINT-MARTIN,

DRAME EN CINQ ACTES ET SEPT TABLEAUX,

PAR MM. DUPEUTY ET CORMON,

REPRÉSENTÉ A PARIS, POUR LA PREMIÈRE FOIS, AU THÉATRE DE LA GAÎTÉ, LE SAMEDI 12 JUILLET 1845.

PERSONNAGES.	ACTEURS.	PERSONNAGES.	ACTEURS.
LAROCHE, marchand de bois	MM. JOSEPH. / ST-MAR.	COTTERET, ouvrier de chantier	AMELINE.
GUILLAUME, garçon de chantier	DELAISTRE.	CABOT	LESIEUR.
MARTIAL	SURVILLE.	UN COMMISSAIRE	EDOUARD.
BARBILLON	FRANCISQUE JEUNE.	PIQUEVINAIGRE	DARCOURT.
ARMAND, commis de chantier.	GOUGET.	LOUCHON	MONET.
GALOU, ouvrier de chantier.	CHARLET.	CLARISSE	Mmes SARA FÉLIX.
MATHIEU, ouvrier de chantr.	PRADIER.	MADAME GERVAIS	CHÉZA.
		BOULOTTE	COURTOIS.

Ouvriers, Invités, Gardes municipaux, Soldats, Femmes d'ouvriers, Grisettes, etc.

L'action se passe à Paris, à Belleville et à la Villette.

1845

NOTA. Les indications sont prises à la droite de l'acteur.

ACTE PREMIER.

Le théâtre représente le *Chantier du Grenadier*. Une entrée au fond donnant sur le canal ; à droite, au premier plan, le bureau, et au troisième plan, une rue du chantier. Devant le bureau, au-dessous de la fenêtre, une niche à chien. A gauche, au premier plan, la maison, avec un escalier donnant sur le rez-de-chaussée ; à côté de l'escalier est la caisse. Au troisième plan, une rue du chantier ; des perches en croix soutenant des planches praticables pour monter aux piles de bois ; accessoires d'un chantier.

SCÈNE PREMIÈRE.

GALOU, MATHIEU, ARMAND, CLARISSE, Mme GERVAIS, OUVRIERS.

Au lever du rideau Clarisse et Mme Gervais sont assises auprès de la porte de la maison. Clarisse brode ; Mme Gervais tricotte ; Armand dirige les travaux, donne des ordres. Des ouvriers chargés de grosses bûches viennent du fond et montent sur les piles de bois. D'autres vont chercher leur charge sur le port ; d'autres enfin sont occupés à mesurer du bois.

ARMAND, *aux ouvriers.* Allons, mes amis, dépêchez-vous de rentrer le bois qui est sur le port.

MATHIEU. Soyez tranquille, monsieur Armand, nous chauffons l'article.

Ils montent sur le bois.

COTTERET, *il passe au fond.* Ça sera fait en un clin d'œil !

GALOU, *à part et assis.* Oui, tâche que j' me foule la rate.

ARMAND. Eh bien, mademoiselle Clarisse, êtes-vous contente ? trouvez-vous que les travaux marchent bien ?

CLARISSE. Oh ! il n'y a rien à dire... et à voir l'activité qui règne dans le chantier, on ne croirait pas que mon père est absent depuis plus d'un mois.

GALOU, *venant se reposer et s'éventant avec son chapeau.* S'il pouvait être absent à perpétuité, c'est pas moi que j' m'en plaindrais.*

MATHIEU. Tais-toi, donc Galou ; tu n' vois donc pas qu' tu parles devant mamselle !

GALOU, *il se lève**. Oh ! mamselle !... c'est une aut' chanson... on l'idole à cause qu'elle traite pas les ouvriers comme des esclaves... mais avec monsieur Laroche c'est pas un chantier... c'est une galère !

CLARISSE. Allons, silence, Galou ; je ne puis permettre qu'on parle ainsi de mon père !...

Mme GERVAIS. C'est votre faute... vous êtes trop bonne avec ces gens-là... et surtout avec leur contre-maître monsieur Guillaume.

GALOU. Encore quéqu' chose de beau qu' monsieur Guillaume... au moins monsieur Laroche il a le droit d' bougonner... c'est l' bourgeois, c'est lui qu'a les noyaux... Mais vot' Guillaume...

* Mathieu, Galou, Armand, Clarisse, Mme Gervais.

CLARISSE. Vous lui devez obéissance, c'est votre contre-maître.

GALOU. Un contre-maître ? c'est un ouvrier comme nous... et enrageant d'obéir à son semblable.

CLARISSE, *sévèrement.* Allez à votre ouvrage*... (*A Mme Gervais.*) Guillaume est un brave homme, actif, dévoué...

ARMAND. Le plus bel éloge que l'on puisse faire de lui c'est que monsieur Laroche l'occupe depuis quinze ans !

Mme GERVAIS. Si c'était moi, je ne l'aurais pas gardé quinze jours... il est colère, violent !... il a des querelles avec tous les ouvriers.

CLARISSE. Avec ceux qui ne font pas leur devoir.

Mme GERVAIS. Il manque aux égards que l'on doit à certaines personnes !...

CLARISSE. Allons, vous êtes un peu sévère pour lui, ma bonne madame Gervais.

Mme GERVAIS. Et vous un peu trop indulgente.

MATHIEU, *revenant du fond.* Monsieur Armand, le charretier attend sa facture pour partir.

CLARISSE, *se levant.* C'est bien je vais la faire. Vous avez vos notes, monsieur Armand? **

ARMAND. Oui, mademoiselle, et je vais vous dicter, si vous le voulez bien.

Clarisse va dans le petit bureau et se met à écrire. Armand, appuyé sur la planche extérieure, dicte bas à Clarisse.

Mme GERVAIS, *les observant et à part.* Encore un qui se croit tout permis et qu'il faudrait remettre un peu à sa place. S'il croit que c'est pour lui que le papa amasse une dot...

ARMAND, *à part, pendant que Clarisse écrit.* Comme elle est jolie !... oh !... si j'osais lui dire combien je l'aime !... mais non, attendons encore... aujourd'hui peut-être ma position changera, et alors...

CLARISSE. Total deux cent vingt francs !

ARMAND. C'est cela !***

GALOU, *descendant de dessus une pile de bois avec deux autres ouvriers.* Eh ! Ma-

* Armand, Clarisse, Mme Gervais.

** Clarisse dans le bureau, Armand, Mme Gervais.

*** Clarisse, Armand, Mathieu, Galou, Cotteret Mme Gervais.

thieu!... viens-tu boire un canon avec nous?

COTTERET. C'est Galou qui m'a engagé à le régaler.

MATHIEU. Encore!... tu quittes donc l'ouvrage à tout moment?... si Guillaume te voit, tu ne risques rien.

GALOU. Bah! il ne nous verra pas, ton Guillaume.

MATHIEU. Oui, tâche; il est là qui travaille sur le port...

GALOU. Et puis après?... Par une chaleur pareille on n'est donc pas libre d'arroser le jardin?

MATHIEU. Va... va... je te retiens pas.

GALOU. Merci de la permission, bêtat!... Venez donc, vous autres!

Ils remontent jusqu'au fond.

COTTERET. Nous trinquerons sans lui, v'là tout.

ARMAND. Tenez, Mathieu, remettez la facture au charretier.

MATHIEU. Oui, monsieur Armand.

Bruit à la porte du chantier. C'est Guillaume qui arrête Galou et les deux autres ouvriers.

MATHIEU, *il remonte.* Bon!... j'étais sûr qu'ils se feraient moucher!

SCÈNE II.

LES MÊMES, GUILLAUME*.

GUILLAUME, *ramenant Galou et les deux ouvriers. Les autres viennent écouter.* J' te dis, Galou, que tu n' sortiras pas!... ni toi, ni d'autres!... ou ben alors, tournez les talons, et au plaisir de n' plus vous revoir!...

COTTERET. C'est lui qui nous a entraînés!

GALOU. Mais cependant...

GUILLAUME. Silence! qu'est-ce qui m'a fichu un feignant comme ça... qui passe au cabaret la moitié de son temps! nous n' voulons pas d'ivrognes dans l' chantier, entends-tu?

GALOU. Eh ben, moi j' veux pas t'être à l'attache comme un chien!... ça n' me botte pas!

GUILLAUME. Si on te rognait dix sous sur ta journée, rirais-tu, toi?

GALOU. Tiens... ça s'rait injuste!

GUILLAUME. Eh! ben... c'est donc juste de rogner c' qu'on doit de travail au bourgeois?

GALOU. V'la-t-y pas?... pour un pauv' canon...

GUILLAUME, *se moquant de lui.* Un canon!... puisque tu les aimes tant les canons... fallait entrer dans l'artillerie.

Il descend à l'avant-scène.

* Armand, Guillaume, Galou, Mathieu, Cotteret, Clarisse, Mme Gervais.

LES OUVRIERS, *se moquant de Galou.* Ah! ah! ah!... l'artilleur! l' canonnier!

GUILLAUME, *sévèrement.* Allons, à l'ouvrage, et plus vite que ça.

MATHIEU, *aux ouvriers.* Eh ben, il a raison; pourquoi qu'il y en aurait un qui gagnerait son argent à rien faire pendant que les autres s'échinent?

Ils remontent.

GUILLAUME, *à part.* Boire!... toujours boire!... Tous ces hommes-là n' pensent qu'au vin!... Ah! s'ils savaient les malheurs qu'il peut causer! (*Haut et remontant.*) Eh ben, voyons!

Galou se hâte d'aller à son ouvrage; les autres ouvriers travaillent, Guillaume remonte avec eux.

ARMAND, *qui est venu, à Clarisse et à Mme Gervais.* Comme il les tient!... pas un ne bougera.

CLARISSE. Et cependant ils l'aiment tous.

ARMAND. Excepté ce mauvais garnement de Galou*.

GUILLAUME, *revenant du fond.* Monsieur Armand, il n'y a plus rien sur le port... tout est rentré.

ARMAND. Déjà!... c'est affaire à vous, Guillaume.

CLARISSE, *avec intérêt.* Aussi voyez!... le voilà tout en nage.

ARMAND. C'est bien sans doute de donner l'exemple aux autres... mais il ne faut pas se tuer.

Mme GERVAIS, *à part.* Ne vont-ils pas le plaindre!

CLARISSE, *elle se lève.* Allons, Guillaume, reposez-vous un peu**.

GUILLAUME. Merci, mamselle, merci de la bonne intention... vous aussi, monsieur Armand... Une petite parole d'amitié de temps à autre c'est souverain pour délasser un homme, et me v'là prêt à travailler comme si j'avais rien fait d' la journée.

Clarisse va se rasseoir auprès de Mme Gervais, et reprend son ouvrage.

CLARISSE. Monsieur Armand?... Est-ce qu'il n'y a pas de lettres de mon père aujourd'hui?

ARMAND. Non, mademoiselle, et cependant le jour approche où nous aurons le bonheur de revoir monsieur Laroche!***

GUILLAUME, *bas, à Armand.* Vous êtes donc ben pressé que l' patron revienne, monsieur Armand!

ARMAND, *bas, en regardant du côté de Clarisse.* Oui... j'ai des projets à lui confier... peut-être une demande à lui adresser.

GUILLAUME*, *à l'oreille.* Bien!... bien!... compris!... on n'a pas les yeux dans sa po-

* Guillaume, Armand, Clarisse, Mme Gervais.

** Armand, Guillaume, Clarisse, Mme Gervais.

*** Guillaume, Armand, Clarisse, Mme Gervais.

che... Eh ben, vrai, vous n'avez pas mauvais goût! Après ça elle pourrait plus mal tomber aussi.

ARMAND. Guillaume, pas un mot!

GUILLAUME. Tiens!... c'te bêtise!... momus!

MATHIEU, *au fond.* Monsieur Armand... on demande à voir du flotté.

ARMAND, *remontant.* Venez m'aider, Guillaume.

GUILLAUME. Voilà! (*A part et regardant Clarisse.*) Oui... oui... ça ferait un beau petit ménage... Dam... s'ils s' conviennent... pourquoi pas?... serait-y heureux c' coquin-là!

ARMAND, *au fond.* Guillaume?

GUILLAUME. Voilà! voilà!

Armand entre avec l'acheteur sous la voûte de droite; Guillaume les suit. Les ouvriers ont disparu peu à peu pendant la scène précédente.

SCÈNE III.

CLARISSE, Mme GERVAIS.

Mme GERVAIS. C'est la première fois que monsieur Laroche sera revenu sans nous prévenir.

CLARISSE. Ses achats de bois l'auront retenu en Bourgogne plus longtemps qu'il ne l'avait prévu.

Mme GERVAIS. En vérité, vous parlez de son retour avec une indifférence!... Et cependant monsieur Laroche vous aime beaucoup; ce serait mal de ne pas répondre à l'attachement qu'il vous porte.

CLARISSE. Oh! Dieu m'est témoin que je n'ai pas même cette pensée! Mon père, je le sais, n'a pas un caractère expansif; jamais il ne lui échappe un mot d'affection, une de ces douces paroles qui rendent si heureux celui à qui elles sont adressées! mais ce n'est pas une raison pour que je l'aime moins!

Mme GERVAIS. Eh bien, franchement, à la place de monsieur Laroche je douterais quelquefois de votre tendresse...

CLARISSE, *elle se lève.* Et pourquoi cela, je vous prie?

Mme GERVAIS. Ou du moins je serais jaloux de l'amitié extraordinaire que vous témoignez à... un certain individu...

CLARISSE. A Guillaume, peut-être?

Mme GERVAIS. Précisément; je ne comprends pas la préférence que vous avez pour ce Guillaume... vous oubliez trop souvent ce que vous êtes et ce qu'il est.

CLARISSE. Oui, j'en conviens, j'oublie volontiers ses manières rudes, son manque d'éducation; toute cette enveloppe grossière qui vous choque, pour ne me souvenir que de son bon cœur! Je me rappelle qu'il m'a vue quand j'étais encore toute petite. Alors il passait toutes ses heures de repos à me porter dans ses bras, à me faire jouer; il était le confident de tous mes plaisirs, de tous mes chagrins d'enfant. Lorsque j'avais commis une faute, c'était lui qui prenait ma défense, qui obtenait mon pardon... et que de fois je l'ai entendu qui disait à mon père : Mais embrassez-la donc!... Et je devais à Guillaume un baiser que, sans lui, je n'aurais peut-être pas reçu!

Mme GERVAIS. C'est très-bien sans doute, mais ce n'est pas une raison...

CLARISSE. Ah! vous croyez que cette amitié qui date de l'enfance n'est pas suffisante pour justifier celle d'un âge plus avancé?... Eh bien, écoutez encore! Il y a trois ans... oh! vous n'étiez pas ici... une maladie affreuse menaçait mes jours... Je l'ai su depuis, les médecins désespéraient de me sauver! Savez-vous qui passait les jours et les nuits auprès de moi?... c'était Guillaume!... oui, Guillaume, qui écartait tout le monde, qui épiait tous mes mouvements, devinait tous mes caprices, qui, la montre à la main, faisait exécuter à la garde les ordonnances du docteur; Guillaume, qui disait à mon père : Allez, monsieur Laroche, allez à vos affaires, moi je suis là... je veille!... Et mon père restait des jours entiers sans me voir... Et lui, Guillaume, il ne quittait pas le chevet de mon lit... Souvent il détournait la tête pour me cacher ses larmes... mais je l'entendais pleurer, moi, et ses pleurs me faisaient du bien... car elles coulaient pour moi, car, au moins, je me sentais aimée par quelqu'un!

Mme GERVAIS. Tiens... tiens!... ce brave Guillaume! c'est très-bien de sa part...

CLARISSE. Et un mois après, quand le médecin annonça ma convalescence: « Monsieur, lui dit froidement mon père, vous avez fait là une cure admirable! » Mais lui, Guillaume, il sautait de joie, il baisait les mains du docteur, il criait à tout le monde : Elle est sauvée!... Puis le soir il vint, à la tête de tous les ouvriers, m'apporter des fleurs superbes!... ma chambre en était remplie... Oh! ce jour-là j'étais bien heureuse.

Mme GERVAIS. Oh! cet estimable Guillaume... je n'aurais jamais cru ça de lui!...

CLARISSE. Maintenant, madame Gervais, vous comprenez, je l'espère, pourquoi j'autorise cette familiarité qui pourrait paraître déplacée aux yeux des indifférents, mais qui aux miens est la preuve d'une amitié sincère, d'un dévouement sans bornes!

Mme GERVAIS. Oui... oui... c'est très-naturel... (*A part.*) Mais je gagerais que monsieur Laroche n'est pas content de ça!

SCÈNE IV.

LES MÊMES, GUILLAUME.

GUILLAUME, *entrant.* Allons, allons, l'heure du dîner est venue; je vais sonner la cloche, il y a ici des estomacs qui n'aiment pas à attendre!

CLARISSE. Moi je vais mettre la caisse en ordre pour l'échéance de demain.

Guillaume sonne la cloche, Clarisse et Mme Gervais rentrent dans la maison par la porte; en ce moment tous les ouvriers arrivent avec leur pain sous le bras; au même instant on voit venir, du fond, des femmes et des enfants qui apportent le dîner de leurs maris ou de leurs pères. Parmi les enfants on en distingue un plus petit que les autres; il a un pantalon garance dont les jambes ont été coupées pour sa taille, une bretelle en lisière par dessus sa chemise et un bonnet de police : c'est Bahu, le fils de Galou.

SCÈNE V.

GUILLAUME, MATHIEU, GALOU, AGATHE, LOUISON, FEMMES, ENFANTS, OUVRIERS, *puis* BAHU.

Différents groupes se forment, et les ouvriers commencent aussitôt à manger*.

GALOU. Ont-ils de la chance ces oiseaux-là qu'on leur apporte la béquée!

COTTERET. Eh ben... et toi? .. je n' vois pas venir ton fricot.

GALOU. Ma légale m'aura oublié!

MATHIEU. Que non... mais elle aura envoyé ton moutard, et il flâne...

GUILLAUME. T'impatiente pas Galou, le v'là ton rejeton**.

BAHU, *accourant.* Bonjour, pa!

TOUS. Ah! c' gamin!

GALOU. Messieurs et dames, je vous présente le général Tom Pouce.

BAHU. J' veux pas qu'on m'appelle Tom Pouce... J' suis-t'un homme et j' m'appelle Bahu.

GUILLAUME. Eh ben, voyons, monsieur Bahu, est-on sage?

BAHU. Tiens, c'te bêtise!

Guillaume sort.

GALOU***. Viens ici, drôle, et mangez proprement... (*Bahu met ses mains dans le fricot. Guillaume disparaît par la droite.*) Voyons, les tourtereaux... qui qui payera un litre pour arroser les légumes?

LES OUVRIERS. C'est pas moi; ni moi!...

COTTERET. Faut toujours payer avec lui.*

* Mathieu, Guillaume, Galou, Cotteret.
** Mathieu, Bahu, Galou, Cotteret.
*** Mathieu, Agathe, Cotteret, Louison, Galou assis, Bahu.

MATHIEU. T'en as donc pas assez?

GALOU. J'en ai jamais assez!... (*A Bahu.*) Où que tu vas donc, toi?

BAHU. Je vas porter ça à Médor, le chien du chantier.

GALOU. Médor, il n'a plus besoin de rien; il a claqué il y a deux jours.

LOUISON. Comment! c'te pauv' bête est morte...

MATHIEU. Oui, il a attrapé une boulette.

GALOU. Je propose de faire un tour aux Barreaux-Verts*.

LOUISON, *avec colère.* N'entraînez pas nos hommes au cabaret.

AGATHE. Oui, n' dérangez pas mon oncle.

GALOU. Excusez!...... l'émeute en jupons... Vous r'fusez un coup de piqueton!

BAHU. Moi j'en veux bien du piqueton!...

MATHIEU. Veux-tu te taire, moutard!

GALOU. Tenez!... vous n'êtes que des canards!... c'est vrai, ils se laissent mener à la lisière!... des hommes qui a de la barbe! ça fait monter!

COTTERET. Tu sais ben comme Guillaume nous a saboulés tout à l'heure.

GALOU. Guillaume!..... ça m'est bien égal!... Et si on s'entendait un peu...

MATHIEU. Eh ben, après?

GALOU. J' voudrais pas qu'il fasse son sultan comme ça, et quand j'aurais envie de canonner, j' canonnerais!

MATHIEU. Pendant l'ouvrage?..

GALOU. Pendant l'ouvrage! parce que c'est un caffard vot' Guillaume, voilà!

MATHIEU. Lui!... c'est un brave homme!

GALOU, *se levant.* Ah! qu' t'es serin!... si tu savais sur lui c' que j' sais....

MATHIEU. Quoi donc?...

GALOU. Lui qui fait son moral... j' l'ai connu dans les temps jadis... il y a vingt ans... et j' voudrais pas avoir sur la conscience... des choses comme il en a...

MATHIEU. Tiens, Galou... quand on accuse un homme faut parler clairement... mais tu n'oserais pas....

GALOU. Moi j'oserais pas!... J'y dirais à lui!...

MATHIEU. Eh ben, dis-y donc.... le v'là!

GUILLAUME**, *s'avançant. Il tient à la main un gros morceau de pain et de fromage; il mange tranquillement.* Qu'est-ce qu'il y a?

GALOU. C'est rien... on jasait de choses et d'autres.

MATHIEU. Ah! tu cannes à présent.

GUILLAUME. Gageons que j' devine..... c'est Galou qui faisait jouer sa langue comme toujours... et sur les absents.

MATHIEU. Dam... y a de ça...

* Mathieu, Galou, Cotteret, Bahu.
** Mathieu, Guillaume, Galou, Cotteret, Loison, Agathe.

GALOU, *à part*. Est-y bête c' Mathieu !

GUILLAUME. Tu m'en veux d' t'avoir empêché d'aller au cabaret et d'y entraîner Picard, Jacques, des hommes qui n'ont pas comme toi la soif éternelle.

AGATHE. Et vous avez bien fait, monsieur Guillaume.

LOUISON. Vous avez bien fait, monsieur Guillaume !

MATHIEU. Tiens, Galou, faut en avoir le cœur net; t'as t'attaqué Guillaume, faut qu'il puisse se défendre !

GUILLAUME. Tu m'as attaqué ?... sur quoi, voyons ?

GALOU. Eh ! ben, quoi !... j' parlais de jadis .. des farces... (*A part.*) Est-y bête c' Mathieu !

MATHIEU. Il allait nous conter une histoire de vous d'il y a vingt ans !

GUILLAUME. Vingt ans ! ah ! c'est juste !... il la connaît lui !... ah ! tu rappelles ces souvenirs-là ! Eh ben... va ton train... j' t'empêche pas... Parle donc, vipère !...

GALOU. Guillaume, j' t'assure...

GUILLAUME. Ah ! ça te gêne ; attends un peu... j' vas parler pour toi. Approchez, vous autres !

MATHIEU. Après ça, Guillaume, si c'est un secret à vous...

GUILLAUME, *avec une colère concentrée**. Oui... c'était un secret !... mais maintenant que cet homme a jeté le soupçon dans votre cœur... il faut bien le dire ce secret !... et vous verrez alors si j'ai raison quand j' vous dit : N' buvez pas !.. restez dans vos ménages, n'allez pas vous griser avec un tas de chenapans qui vous perdraient !

GALOU, *allant s'asseoir, à part*. C'est embêtant les compliments; ça m' fait rougir.

GUILLAUME. Il y a vingt ans, j'étais comme vous v'là presque tous... j'avais femme et et enfant... une belle petite fille de dix-huit mois !... C'était le moment où l'on creusait l' canal, et j' travaillais, comme terrassier à raison de quarante sous par jour... Ma femme avait un peu d'ouvrage de son côté... Nous aurions pu être heureux... mais j'avais un défaut... un vice qui nous a perdus ! J' pouvais pas résister à un verre de vin, et c'pendant l' vin me faisait mal... il me rendait furieux ! Un soir, je rencontre des camarades, des pas grand choses comme j'en connais... (*Il regarde du côté de Galou, qui ôte sa casquette.*) On m'offre de payer une tournée... d'abord j' voulais pas... mais l' diable me pousse, j'accepte, et nous entrons au cabaret les meilleurs amis du monde... c'est toujours comme ça... au bout de dix minutes c'était une dispute, une batterie... pour un rien... une bêtise... mais on avait bu... le sang m' brûlait les veines... j'avais la tête perdue... et justement c'était à moi qu'on en voulait l' plus... J'avais beau leur crier : Allez vous-en !... laissez-moi !... laissez-moi !... rien n'y faisait. Enfin un d'eux, l' plus acharné, s'avance, me frappe à la tête !... moi... je saisis un couteau et je l'étends mort à mes pieds !

TOUS, *avec effroi en reculant**. Ah !...

Guillaume est en proie à une violente agitation ; il vient s'asseoir à droite sur un tas de bois. Il cache sa tête dans ses mains.

GALOU, *se levant*. Hein !... quand j' vous disais...

MATHIEU. Possible !... mais puisque tu savais ça, fallait pas en parler ; c'est mal !

GUILLAUME. Non... non... il a bien fait si ça peut vous servir de leçon... et vous guérir des mauvaises connaissances. Les miennes m'ont conduit à subir une condamnation de cinq ans et à perdre c' que j'avais d' plus cher au monde.

MATHIEU, *avec intérêt*. Comment ! ta pauv' femme...

GUILLAUME. Morte à Saint-Louis pendant qu'on me jugeait.

AGATHE. Et vot' petite fille ?

GUILLAUME, *se levant*. Ma fille !... ma fille !... (*Il s'arrête, puis se laisse retomber.*) Je n'en ai plus !... je n'ai plus d'enfant... Je suis seul... seul !...

Il remonte avec les ouvriers et les femmes. On tourne le dos à Galou.

MATHIEU. Quel malheur !

AGATHE. Elle est morte aussi !

GUILLAUME, *à part, après un temps et avec un sourire*. Morte pour tous, mais pas pour moi !...

CLARISSE, *dans l'intérieur*. Guillaume !

GUILLAUME, *vivement***. Cette voix !... (*Aux ouvriers.*) Mathieu, mes amis... pas un mot devant... devant mamselle Clarisse... elle aurait peut-être peur de moi... elle ne voudrait plus me voir !...

MATHIEU. Soyez tranquille, je réponds de nous... et de lui !

Il désigne Galou.

TOUS. Oui... oui...

SCÈNE VI.

LES MÊMES, CLARISSE *et successivement* ARMAND, Mme GERVAIS***.

CLARISSE. Guillaume, à quoi pensez-vous donc ?... L'heure du travail est arrivée.

GUILLAUME. Ah ! mon Dieu, c'est vrai !...

* Mathieu, Guillaume, Cotteret, Galou.

* Guillaume, Mathieu, Agathe, Louison, Galou, Cotteret.

** Mathieu, Guillaume, Cotteret, Galou.

*** Guillaume, Clarisse, Mme Gervais, les ouvriers au fond.

Pardon, mamselle... j' m'étais oublié... Allons!... vite à l'ouvrage.

GALOU. Ah! l'ouvrage, c'est sciant!

GUILLAUME. Et vous autres... en route!

Il renvoie les femmes et les enfants; les ouvriers retournent à leurs travaux et disparaissent dans le chantier; d'autres vont sur le port; d'autres montent sur les piles de bois. Pendant ce temps Armand a pris sa casquette, une sacoche et un grand portefeuille. Mme Gervais est venue reprendre son ouvrage.

SCÈNE VII.

ARMAND, CLARISSE, Mme GERVAIS, GUILLAUME, *au fond*.

CLARISSE. Monsieur Armand, avez-vous pris les traites acquittées?

ARMAND. Oui, mademoiselle; dix mille francs à recevoir chez monsieur Duval de la Villette.

CLARISSE. Avec dix mille francs que nous avons en caisse cela complètera l'échéance de demain, qui est très-forte.

ARMAND. Ah! voici le tableau des prix courants que vous m'avez demandé.

CLARISSE. Très-bien!... c'est pour monsieur Martial! il doit venir le prendre aujourd'hui.

GUILLAUME*. Monsieur Martial, un grand à bottes vernies et à gants serins... qui est toujours fourré dans les chantiers depuis quéqu' temps?... Qu'est-c' qu'il vient donc faire ici, c't' être-là?...

CLARISSE. Lui!... mais il est à la tête d'une vaste entreprise pour laquelle il aura de grandes acquisitions de bois à faire, et j'espère bien qu'il nous donnera sa pratique.

ARMAND. C'est un homme charmant et qui paraît avoir une grande connaissance des affaires.

Mme GERVAIS. Et puis, il est si aimable... si élégant, si spirituel...

GUILLAUME. C'est possible!... mais j' le sens pas, moi!

Mme GERVAIS. Quel malheur pour lui!

CLARISSE. Je vais visiter le chantier pour savoir si nous sommes en mesure de lui fournir ce dont il a besoin.

ARMAND. Moi je pars pour revenir avant la nuit... (*A part.*) Et pour tâcher d'être ici quand monsieur Martial viendra, car il faut absolument que je lui parle.

CLARISSE. Surtout, monsieur Armand, ne vous attardez pas; la nuit vient de bonne heure et les bords du canal sont si déserts.

ARMAND. Soyez tranquille, mademoiselle; je ne voudrais pas vous donner un moment d'inquiétudes.

Mme GERVAIS, *les séparant.* C'est bon.... c'est bon, jeune homme, pas tant de phrases!... allez donc à votre affaire!

Armand sort par le fond; Clarisse va dans le chantier.

* Armand, Clarisse, Guillaume, Mme Gervais.

SCÈNE VIII.

Mme GERVAIS, GUILLAUME.

GUILLAUME, *regardant sortir Armand.* Voilà un gentil garçon!... à la bonne heure! se donne-t-il un mal!... Il fait tout, la vente, la recette... oh!... je suis ben sûr qu'il fera son chemin dans la maison.

Mme GERVAIS. Il le ferait bien mieux encore s'il ne pensait qu'à remplir ses devoirs.

GUILLAUME. Comment?

Mme GERVAIS. A mériter la confiance du bourgeois.

GUILLAUME. Qu'est-ce que vous avez donc, vous, la mère Tantpire, pour être acharnée après ce jeune homme?

Mme GERVAIS. J'ai... j'ai... Ça me regarde.

GUILLAUME. Est-ce qu'il ne travaille pas bien?

Mme GERVAIS. Ça se peut!

GUILLAUME. Trouvez donc un commis qui prenne les intérêts du patron comme il le fait? J'en défie!

Mme GERVAIS. C'est possible!

GUILLAUME. Eh ben! alors, pourquoi que vous marronnez toujours?

Mme GERVAIS. Parce que monsieur Armand oublie qu'il n'est rien, qu'il n'a rien, et que mamselle Clarisse Laroche n'est pas faite pour lui!

GUILLAUME. Bah! bah!... Si monsieur Armand n'a rien, il peut avoir... Il est jeune, il a du courage comme quatre... il fera sa fortune.

Mme GERVAIS. Oui, mais il y a des gens qui ont la leur toute faite, et monsieur Laroche choisira ceux-là de préférence!

GUILLAUME. Si on les aime pas?

Mme GERVAIS. Faudra bien qu'on les aime quand il aura parlé.

GUILLAUME. Allons donc! il n'voudrait pas forcer l'inclination de la jeune bourgeoise.

Mme GERVAIS, *s'animant.* Elle n'a d'inclination pour personne, entendez-vous?

GUILLAUME, *froidement.* Savoir!

Mme GERVAIS. D'ailleurs, est-ce que ça vous regarde?

GUILLAUME. Peut-être!

Mme GERVAIS. Vous verrez que monsieur Laroche donnera sa fille à un misérable commis, pour plaire à monsieur Guillaume!

GUILLAUME. Je ne répondrais pas que non!

GUILLAUME, *furieuse.* Guillaume!... Je vous impose silence!...

GUILLAUME. Vous seriez bien attrapée si on vous en faisait autant.

Mme GERVAIS, *à part.* Malhonnête!

GUILLAUME, *à part.* Pécore *!

Mme GERVAIS. Mais il n'a qu'à se bien tenir, monsieur Armand... vot' beau protégé!... Je sais des gens qui lui couperont l'herbe sous le pied!

GUILLAUME, *se montant à son tour.* Ça ne n' sera pas vot' monsieur Martial, toujours?

Mme GERVAIS, *froidement.* Savoir!

GUILLAUME. C'est pas à un homme qu'on n' connaît ni d'Ève ni d'Adam, qui vient on n' sait où, qu' monsieur La oche ira marier mamselle Clarisse.

Mme GERVAIS. Peut-être!

GUILLAUME. C'est donc pour ça qu'il vient ici?

Mme GERVAIS. Je ne répondrais pas que non!

GUILLAUME. Et vous le protégez?

Mme GERVAIS. Moi?

GUILLAUME. Oh! pardié!... j'y vois encore clair sans bésicles... vous y faites un tas de mamours!... Eh ben... il n'a qu'à se bien tenir aussi celui-là!

Mme GERVAIS. Qu'est-ce que vous ferez?

GUILLAUME. Je n'en sais rien... mais sa boule me fait loucher!... Il m'a déjà semblé qu'il roucoulait auprès de mamselle... Que j' l'y pince!

Mme GERVAIS. Comme il vous craint!

GUILLAUME. Et retenez bien ça! Jamais, jamais, il ne l'épousera!

Mme GERVAIS. On vous demandera votre avis!

GUILLAUME. Si on n' me le demande pas... je le donnerai.

Mme GERVAIS. Mais vous n'êtes rien ici... rien qu'un garçon de chantier que l'on peut mettre à la porte dès qu'il devient insolent!

GUILLAUME. Moi me chasser!... Qu'on s'en avise!

Mme GERVAIS. C'est ça... toujours de la colère... de la violence!... Prenez garde!... monsieur Laroche arrive... je lui ferai mon rapport!

GUILLAUME. Je m'en bats l'œil de vot' rapport... je ferai le mien aussi de rapport...

Mme GERVAIS, *à part.* Est-il manant ce vieux homme!

GUILLAUME, *à part.* Est-elle bête!... c'te vieille armoire!

Mme GERVAIS. Ah! j'entends un cabriolet qui s'arrête à la porte!... C'est sans doute celui de monsieur Martial.

MARTIAL, *en dehors.* Tu m'as entendu, John?

Mme GERVAIS. C'est sa voix!

MARTIAL. Va, et reviens me prendre ici.

* Guillaume, Mme Gervais.

Mme GERVAIS. J'espère, Guillaume, que vous n'allez pas nous compromettre?

GUILLAUME. J'ai pas d'ordre à prendre de vous; laissez-moi tranquille!

SCÈNE IX.

LES MÊMES, MARTIAL, *tenue simple, mais élégante* *.

MARTIAL. Eh! cette chère madame Gervais! toujours fraîche, toujours le sourire sur les lèvres... Parole d'honneur, on vous donnerait vingt-cinq ans.

Mme GERVAIS, *saluant.* Monsieur!... (*A part.*) Quel homme bien né!

MARTIAL. Mais je n'aperçois pas mademoiselle Laroche?

GUILLAUME, *brusquement.* Elle est occupée.

MARTIAL, *à part.* Toujours ce Guillaume!

Mme GERVAIS, *d'un air aimable.* Oui, monsieur, elle est occupée; mais quand elle saura que c'est vous...

Elle va pour sortir.

GUILLAUME, *la retenant par le bras.* Inutile de la déranger... Si c'est pour le chantier, je suis-là, moi; monsieur n'a qu'à parler.

MARTIAL. Je ne veux avoir affaire qu'à la maîtresse de la maison.

GUILLAUME, *à part.* C'est différent!

Mme GERVAIS. Attrape, vilain ours!

GUILLAUME, *à part, en remontant.* Je te perds pas de vue, méchant muscadin!

Mme GERVAIS. Mais donnez-vous la peine de vous asseoir; je vais prévenir mademoiselle.

SCÈNE X.

GUILLAUME, MARTIAL.

MARTIAL, *croyant Guillaume parti.* Seul, dans le chantier!... Le moment que je guette depuis si longtemps serait-il arrivé? (*Il voit Guillaume qui vient s'asseoir à l'avant-scène.*) Encore cet homme! (*Haut.*) Je n'ai pas besoin de vous, l'ami; vous pouvez retourner à votre ouvrage.

GUILLAUME. Je me repose.

MARTIAL. Ah! très-bien! (*A part.*) Que le diable l'emporte!

GUILLAUME, *d'un ton goguenard.* Et puis, c'est pas honnête de laisser les gens seuls... Je veux vous tenir compagnie.

MARTIAL. Savez-vous qu'il ne faudrait pas beaucoup d'ouvriers comme vous pour chasser d'ici toutes les pratiques?

GUILLAUME. Quand on n'est pas content, on va autre part.

* Guillaume, Martial, Mme Gervais.

MARTIAL. Monsieur Guillaume!

GUILLAUME. Et puis y a pratiques et pratiques.. Y en a qui viennent pour acheter.. d'autres... on n' sait pas trop pourquoi...

MARTIAL, *à part.* Est-ce qu'il soupçonnerait?...

GUILLAUME. On voit un père absent.... une jeunesse toute seule avec une vieille.... et dam... c'est attrayant!... Mais y a ici un chien de garde qui a des dents...

MARTIAL, *à part.* Que veut-il dire?

GUILLAUME. Et gare aux mollets des amoureux... s'ils en ont!

MARTIAL, *à part.* Ah! je comprends... il ne sait rien! (*Haut.*) Gardez vos réflexions et vos conseils pour d'autres que moi... Je ne suis pas venu pour causer avec vous, l'ami.

GUILLAUME. Je ne suis pas votre ami, d'abord!

MARTIAL. Eh bien, ami ou ennemi, laissez-moi; éloignez-vous, butor!

GUILLAUME, *le menaçant.* Butor!... Ah! ne répétez pas c'mot-là, morbleu!... ou sinon!...

MARTIAL, *reculant d'un pas et portant la main à sa poitrine.* Hein!... Qu'est-ce que c'est?...

SCÈNE XI.

LES MÊMES, CLARISSE, Mme GERVAIS *.

CLARISSE, *accourant.* Eh bien!... Guillaume!... Eh bien, qu'y a-t-il donc?

Guillaume se recule d'un air honteux.

MARTIAL. Ne vous effrayez pas, mademoiselle; j'ai seulement le malheur de déplaire à monsieur Guillaume.

GUILLAUME. Oh! tant qu'à ça, oui!

Mme GERVAIS. C'est intolérable!

CLARISSE. Vous voulez donc que je me fâche tout à fait avec vous, Guillaume?... Vous ne m'aimez donc plus?

GUILLAUME. Moi!... oh!... si!... si!... toujours.

CLARISSE. Eh bien, à l'avenir prenez garde à vos paroles!... Allons, retournez à votre ouvrage.

GUILLAUME. J'obéis, mamselle...

Mme GERVAIS. C'est heureux!

GUILLAUME. Oui, j'obéis... mais à vous... à vous seule... (*Il remonte, à part, en menaçant Martial du geste.*) Je te repigerai, va!

SCÈNE XII.

CLARISSE, MARTIAL, Mme GERVAIS.

CLARISSE. Soyez assez bon pour l'excuser, monsieur; c'est un si brave homme... Il faut lui passer bien des choses.

MARTIAL. Comme à tous les gens de sa classe.

CLARISSE. Je n'osais plus compter sur votre visite pour aujourd'hui.

MARTIAL. C'est qu'en vérité, mademoiselle, je ne suis pas maître de mon temps... Les devoirs du monde, les affaires... je n'ai pas une minute à moi... Et puis ce canal Saint-Martin est à l'autre bout de la terre, surtout pour nous autres gens de finance, qui ne vivons que dans un certain quartier. Pour moi, Paris n'existe qu'à la Bourse, à l'Opéra ou au Bois!

CLARISSE. Quand vous venez ici, monsieur, c'est un voyage!

MARTIAL. Dont la fatigue et l'ennui disparaissent en vous voyant, mademoiselle.

Mme GERVAIS, *à part.* Est-il galant!... Pour sûr, il a des intentions!... ce serait un beau parti!

Elle plie son ouvrage.

MARTIAL. Mais permettez-moi de vous rappeler que vous avez une vente à me faire, une vente considérable... Soyez un peu accommodante, et vous voilà certaine d'obtenir la préférence.

CLARISSE. J'espère que de son côté l'acheteur ne se montrera pas trop exigeant.

MARTIAL. Oh! détrompez-vous... Je débattrai vivement mes intérêts... et pour ne pas être influencé, je ne vous regarderai pas.

Mme GERVAIS, *à part, en reprenant sa corbeille à ouvrage.* Ah! que cet être-là est dangereux!

Elle rentre dans la maison sa corbeille et sa chaise.

CLARISSE. Voici le tableau des prix courants que vous m'aviez demandé. Permettez seulement que je corrige deux ou trois erreurs.

MARTIAL*. Comment donc... très-bien, mademoiselle! (*Clarisse va à son bureau et écrit en tournant le dos à Martial. Il jette un regard autour de lui.*) Personne! je n'ai peut-être qu'une minute à moi... Allons, de l'audace! (*Il tire une clef de sa poche; il s'approche vivement, mais avec précaution de la maison; il jette un coup d'œil dans l'intérieur; puis il essaie la clef dans la serrure.*) Maudite clef! elle ne va pas!... Ah! si, elle ouvre!

Il remet la clé dans sa poche, puis il reprend le milieu de la scène; au même moment Armand paraît au fond; il revient avec une sacoche pleine d'écus.

* Guillaume, Clarisse, Martial, Mme Gervais.

* Clarisse dans le bureau, Martial.

SCÈNE XIII.

LES MÊMES, ARMAND *.

MARTIAL, *à part.* Il était temps !

ARMAND. Ah ! monsieur, je suis votre serviteur.

MARTIAL. Bonjour, mon jeune ami !

CLARISSE, *quittant son bureau.* Déjà de retour !

ARMAND. Oui, mademoiselle; j'étais pressé de rentrer...

MARTIAL, *frappant sur la sacoche.* Je le crois, avec une charge comme celle-là.

ARMAND. J'ai vu l'instant où l'on me comptait les 10,000 francs en écus; heureusement on m'en a donné 7,000 en billets de banque.

CLARISSE. Voici la clef de la caisse; allez vite vous débarrasser.

Armand entre dans la maison.

MARTIAL **. Il doit y avoir un mouvement de fonds considérable dans un commerce comme le vôtre ?

CLARISSE. Oh ! oui, monsieur; demain matin, par exemple, nous avons 20,000 fr. à payer.

MARTIAL. 20,000 francs !... Et jamais une minute de retard?

MARTIAL. Je crois que mon père mourrait de chagrin si un effet qui porte sa signature n'était pas payé à présentation.

MARTIAL. Tout ce que j'apprends sur monsieur Laroche augmente le désir que j'éprouvais déjà de faire sa connaissance, et d'entrer avec lui en relation d'affaires. La première sera sans doute conclue en son absence.

CLARISSE. Je le désire beaucoup.

MARTIAL. Et moi de même, mademoiselle ! Vous permettez que je jette un coup d'œil*** ?

Il prend le tableau et l'examine.

ARMAND, *rentrant suivi de madame Gervais, qui vient accrocher une lanterne à la porte de la maison. La nuit commence et vient graduellement.* Mademoiselle, voici la clef de la caisse. (*Bas.*) Eh bien, monsieur Martial a-t-il fait sa commande ?

CLARISSE. Pas encore, mais je crois que nous nous entendrons.

ARMAND. Ah ! tant mieux ! (*A part.*) Maintenant, si, grâce à la promesse qu'il m'a faite, mes espérances pouvaient se réaliser, je serais le plus heureux des hommes !

MARTIAL, *à Clarisse.* Mademoiselle, tous ces prix me paraissent fort raisonnables... Je les examinerai ce soir plus attentivement, et demain nous pourrons terminer.

* Clarisse, Armand, Martial.

** Clarisse, Martial.

*** Martial, Clarisse, Armand.

SCÈNE XIV.

LES MÊMES, JOHN, Mme GERVAIS *.

Mme GERVAIS, *à John, qui entre par la grande porte du fond.* Que demandez-vous, mon ami ?

JOHN. Jé démandais lé maître à moi... mister Martial.

MARTIAL. Ah ! c'est John.

JOHN, *avançant.* Yes, mylord.

MARTIAL. C'est mon groom... un brave garçon que j'ai ramené de mon dernier voyage à Londres. Je crois que j'en ferai quelque chose... il est très-intelligent.

JOHN, *riant.* Yes, yes... Jé n'étais pas une trop grosse bête.

MARTIAL. As-tu fait ma commission ?

JOHN. Yes, mylord; les amis de vous, ils avaient dit à moi que ils attendaient vous cette soir à le Maison d'Or pour une petite souper ensemblement.

MARTIAL. Ah ! très-bien !** (*Bas à Armand.*) Ceci vous concerne aussi, mon cher Armand.

*ARMAND, *avec joie.* Vraiment !

MARTIAL. Trouvez-vous ce soir, à dix heures, à la Maison d'Or... vous me demanderez, et je vous prouverai à quel point je m'intéresse à vous !

ARMAND. Ah ! monsieur !... que de reconnaissance !

MARTIAL. Ne parlons pas de ça ! (*Haut.*) John, faites avancer ma voiture.

JOHN. Yes, mylord. (*Bas.*) As-tu essayé la clef ?

MARTIAL, *le poussant et bas.* Tais-toi donc, animal ! (*Haut, en saluant Clarisse.*) A demain, ma belle demoiselle !

CLARISSE. A demain, monsieur, et n'oubliez pas, je vous en prie, que vous avez promis de me donner la préférence.

MARTIAL. Au revoir, monsieur Armand ! Adieu, ma bonne madame Gervais !

Mme Gervais lui fait une profonde révérence. Il sort.

Mme GERVAIS. Quel gentil cavalier !... comme on reconnaît tout de suite l'homme du grand monde !

En ce moment on entend un grand bruit de voix sur le port, Guillaume et les ouvriers accourent pour voir ce que c'est.

CLARISSE. Ah ! mon Dieu ! qu'est-ce qu'il y a donc sur le port ?

ARMAND. Encore quelque accident !

GUILLAUME. Vous effrayez pas... c'est l' petit Barbillon... il aura tiré quéqu'un du canal... c'est son métier.

* Armand, John, Martial, Clarisse, Mme Gervais.

** Armand, Martial, John, Clarisse, Mme Gervais.

SCÈNE XV.

LES MÊMES, *moins* MARTIAL *et* CABOT, BARBILLON, OUVRIERS, ENFANTS*.

Barbillon entre suivi par des ouvriers et des enfants. Il tient sa blouse et sa cravate sous son bras, il remet ses bretelles; ses cheveux sont mouillés, on voit qu'il sort de l'eau.

LES ENFANTS. Bravo, Barbillon! bravo, l'sauveur!

BARBILLON. Taisez-vous donc, tas de moucherons!

GUILLAUME. Qu'est-ce qu'il y a donc?

BARBILLON. Y a que j'suis comme un crin à cause que c'est une injustice qu'on m' fait.

GUILLAUME. Qui?

BARBILLON. L'inspecteur du canal... une vieille cassure!... En v'là un qui peut tomber à l'eau, c'est pas moi qui s'mouillera la cheville pour le repêcher!... Va donc, vieille pomme ridée... Tiens, v'là pour toi!

CLARISSE. Il est donc arrivé un malheur?

BARBILLON. Voilà la chose... Je flânochais le long du canal, les mains dans mon paletot (*il montre sa blouse*) comme un argent de change qui se promène à la bourse en attendant les pigeons. V'là qu'au détour du faubourg du Temple, j' guigne un caporal qui sortait de chez le manezingue... un joli caporal qui avait son nez... oh! mais un nez... quéqu' chose de bien. Il faisait des festons, des zig-zags... J'me dis : Toi, si tu longes le canal, tu prendras un bain de santé... et ça fera vingt-cinq francs pour son sauveur.

GUILLAUME. Après donc?

BARBILLON. J'emboîte le pas du troupier. Il enfile le quai Valmy... Bon! que je m'dis : lâchons nos bretelles!... il marche... il marche... la grande air lui tape sur la coloquinte... ça l'émeut de plus en plus; je retire ma pelure! Le héros s'approche du bord; il éprouve le désir de se mirer dans l'eau douce à l'instar du beau Narcisque... c'est là que je guettais mon fantassin! Au premier mouvement de tête il en pique une d'autor... et il disparaît sous les flots...

CLARISSE. Ah! mon Dieu!

BARBILLON. Plus de caporal; plus rien qu'un grand rond sur le canal avec un petit glouglou dans l'milieu en signe que la cruche *s'emplisait*.

CLARISSE. Le malheureux s'est noyé!

BARBILLON. Minute... j'étais là, moi Barbillon, dit le Sauveur... En deux temps je suis à l'eau, je plonge, j'empoigne le pantalon garance par le bas des reins... et j' le ramène triomphant à la surface des ondes!

CLARISSE. Il était sauvé!...

BARBILLON. Fallait encore atteindre l' bord, et je travaillais ferme des pieds et des mains, quand un chien... ô polissonne de chance!... un intrigant de chien vient saisir mon pioupiou par une jambe, se met à tirer avec moi de toutes ses forces, et nous abordons ensemble sur la terre ferme. C'était le chien de mon pochard!

CLARISSE. Oh! la pauvre bête!...

BARBILLON. Une affreuse bête!... un quadrupède sans principes... un filou qui fait de la concurrence et qui tue le commerce...

GUILLAUME. Qué mal qu'il t'a fait?

BARBILLON. Oh! qué mal!... j'aime assez vot' mot!... qué mal!... il est cause que quand j'ai réclamé à l'inspecteur mon certificat de vingt-cinq francs, il n'a voulu m'en reconnaître que douze francs cinquante, sous *prétesse* que le terre-neuve avait partagé ma gloire! C'est une injustice... j'en rappelle!

MATHIEU. Tu regagneras ça sur les promeneurs.

CLARISSE. Comment, les promeneurs?

BARBILLON. V'là ce que c'est : quand il se trouve des amateurs qui ont de la monnaie de trop, je les invite à la jeter dans le canal, et je plonge pour la ravoir.

GUILLAUME. V'là-t-il un métier de paresseux!...

BARBILLON. Ah! vous croyez que c'est pas fatigant!... l'été ça rafraîchit... mais quand il gèle comme c't'hiver... ça n'réchauffe pas.

GUILLAUME. Tu ferais ben mieux d' travailler, gamin.

CLARISSE. On vous occuperait dans le chantier.

BARBILLON. C'est que j'ai pas d' vocation pour la bûche... et puis l' père Laroche, sans vous offenser, n'est pas commode... Tiens, à propos de monsieur Laroche, bonne nouvelle que je vous apporte! C'est fini de rire, je viens de le voir...

CLARISSE. Mon père?

GUILLAUME *et* LES OUVRIERS. Le bourgeois!

Ils entrent dans le chantier.

ARMAND. Il arrive!... (*A part.*) Ah! quel bonheur!

BARBILLON. Oui, mes enfants... j'ai poussé tantôt jusqu'à la gare... et j'ai vu vot' patron sur son bateau *le Saint-Nicolas*. Qué crâne bateau!

CLARISSE. Lui avez-vous parlé?

BARBILLON. Au bateau?

GUILLAUME. Non, bêta... à M. Laroche.

BARBILLON. Ah! voui!... même qu'il m'a donné une calotte en me disant : Tu diras à Guillaume que je serai demain à midi devant le chantier, et que, si tout le monde n'est pas à son poste, on aura affaire à moi!

* Mathieu, Galou, Barbillon, Guillaume, Clarisse, Armand, Mme Gervais.

GALOU. As-tu vu monsieur pas commode?.. adieu l'plaisir!... c'est le lendemain de la noce!

CLARISSE, *à part*, *avec tristesse*. Jamais rien pour moi... jamais un souvenir d'amitié!..

Les ouvriers remontent.

GUILLAUME. Allez vous reposer, enfants; demain il y aura de la besogne sur le port.

MATHIEU. Et le bourgeois n' rit pas!

BARBILLON. Moi, je vas faire ma promenade nocturne sur le canal, et si je rattrape mes douze francs cinquante, je paye le blanc.

GALOU. Petit, t'as mon estime.

BARBILLON *et* LES OUVRIERS. Salut, mamselle; adieu, Guillaume.

Les ouvriers sortent, ainsi que Barbillon. Armand entre dans la maison par le petit escalier. Guillaume allume son falot et souffle la lanterne.

CLARISSE. Il est tard... rentrons, madame Gervais... Tiens, monsieur Armand est déjà monté dans sa chambre!

Mme GERVAIS. Il est si dormeur!

GUILLAUME. Dites donc qu'il est éreinté, ce garçon.

CLARISSE. Bonsoir, Guillaume!

GUILLAUME. Bonsoir, mamselle! bonne nuit!

Clarisse rentre, Mme Gervais la suit; on l'entend fermer la porte en dedans. Un moment après on voit de la lumière dans une chambre du premier étage.

SCÈNE XVI.

GUILLAUME, *puis* ARMAND.

GUILLAUME. Fermons la porte charretière, et puis ensuite j'irai faire ma ronde dans le chantier.

ARMAND. *Il a mis une redingote et un chapeau.* Guillaume?

GUILLAUME. Tiens!... je vous croyais couché!...

ARMAND, *en confidence*. Il faut que je sorte!

GUILLAUME. A pareille heure!... vous si rangé, si tranquille d'habitude... Ah! monsieur Armand!... Est-ce que vous me feriez le chagrin de quitter la bonne route?

ARMAND. Non... non... rassurez-vous, Guillaume; je sors pour une affaire bien importante, et qui décidera peut-être du bonheur de toute ma vie!... Demain vous saurez tout, si je réussis! (*On entend sonner l'heure au loin.*) Neuf heures!... j'ai juste le temps d'aller à mon rendez-vous. Guillaume, donnez-moi la clef, pour que je puisse rentrer.

GUILLAUME. Surtout, prenez garde de n' pas r'venir trop tard... C'maudit quartier n' me rassure que tout juste.

ARMAND. Restez, Guillaume... je fermerai la porte en sortant... Adieu!

GUILLAUME. Bonne chance, monsieur Armand!

Armand sort et ferme la porte du chantier.

SCÈNE XVII.

GUILLAUME *seul*, *regardant Armand qui s'éloigne.*

J'ai confiance en ce garçon, moi! c'est honnête, c'est incapable d'une mauvaise action. Je suis sûr qu'elle sera heureuse avec lui... Elle est là... dans sa chambre... Quel plaisir pour moi quand elle me regarde... quand elle me parle!.. Mais demain, monsieur Laroche arrive... adieu tout mon bonheur!.. Oh! c'est pas que je sois jaloux... il ne la gâte pas assez pour ça... Allons, que Dieu veille sur elle!..

Il commence sa ronde en regardant avec son falot dans tous les coins, puis il remonte et disparaît dans le chantier. En ce moment on voit une tête paraître à l'avant-scène au-dessus du mur du chantier; c'est celle de John, qui a quitté les habits de groom pour prendre une blouse et une casquette. Il regarde dans le chantier.

SCÈNE XVIII.

LE LOUCHON, LE CABOT, *puis ensuite* PIQUEVINAIGRE.

LE CABOT. Personne... ils sont tous rentrés!... les autres doivent être cachés par là... (*Il fait entendre un léger sifflement.*) Maintenant, oh! la glissade!

Pendant qu'il enjambe le mur et qu'il descend dans le chantier à l'aide du treillage, Piquevinaigre escalade le mur du fond et le Louchon descend de dessus la grande pile de bois.

LE CABOT, *à Piquevinaigre*. Nous y v'là! en dehors, on risque toujours d'être ramassé.

PIQUEVINAIGRE. Et le vieux?

LE CABOT. Guillaume?... mais, dam... il est rentré dans sa *turne*.

LE LOUCHON. Et l'petit commis?

LE CABOT. Il a coupé dans le pont. Martial l'attend à la Maison d'Or pour béquiller pendant que nous sommes ici... Je l'ai vu partir.

PIQUEVINAIGRE, *qui a regardé du côté de la maison*. Point de flamme nulle part!

LE CABOT. Ils sont tous dans le pieu... c'est bon... Le premier sommeil est le plus fort; seulement, laissons bien ronfler l'animal.

PIQUEVINAIGRE. Tu dis donc que Martial répond de la clef?

LE CABOT. Puisqu'il est venu tantôt pour l'essayer. En v'là un qui est habile pour trouver les bons endroits et éclairer la route ! aussi, il est bien nommé, l'Allumeur !

LE LOUCHON. C'est comme toi ! j'ai jamais vu s'changer comme ce gueux-là !

LE CABOT. C'est peut-être pour ça qu'on m'appelle le cabot.

PIQUEVINAIGRE. Chut !

LE CABOT. Quoi donc ?

PIQUEVINAIGRE. Du monde, là-bas

LE CABOT. Ah ! nom d'un.., sous le bois, les amours, sous le bois... et vivement... Et moi, dans la niche du chien, à qui j'ai donné congé par boulettes !...

Ils rampent et se cachent sous le bois; en ce moment on voit revenir Guillaume avec son falot. Le Cabot fait un signe pour recommander le silence à ses camarades. Le rideau baisse.

ACTE DEUXIÈME.

Le théâtre représente le canal Saint-Martin, vue prise de la passerelle à la place de la Bastille. A droite, le canal avec l'écluse sur laquelle est posée la passerelle. Au fond, l'on découvre le panorama qui représente la colonne de juillet, l'éléphant, etc., etc. A gauche, au premier plan, la porte de l'entrée principale du chantier du Grenadier. Au deuxième plan, la maison du marchand de vin Giffard. Sur les bords du canal sont des marchandises déchargées.

SCÈNE PREMIÈRE.

GALOU, MATHIEU, COTTERET, GUILLAUME, OUVRIERS.

Au lever du rideau on voit des blanchisseuses qui viennent laver leur linge; Guillaume sonne la cloche, à l'entrée du chantier dont il vient d'ouvrir la porte. Les ouvriers arrivent de différents côtés.

MATHIEU. Vous ne direz pas qu'on est en retard, à c' matin, père Guillaume. (*Il montre le soleil qui se lève.*) Six heures au cadran du bon Dieu.

GALOU, *il arrive en courant et se frottant les yeux.* Le soleil avance!... c'est une patraque.

GUILLAUME. C'est toi qui retardes... tu retardes toujours.

GALOU, *bas à Mathieu.* Il m'en veut d'hier... il mousse.

GUILLAUME. Allons, entrez au chantier : faut déblayer la grand'rue, et faire de la place au chargement qui nous arrive.

Il va au fond et regarde avec inquiétude s'il ne voit venir personne.

GALOU. Il n'y a pas besoin de s'fendre en quatre pour ça ! en une demi-heure, le tour sera fait.

MATHIEU, *ôtant sa veste.* Oui, mais une fois *le Saint-Nicolas* sur le port, c'est là qu'il faudra se trémousser les jarrets... C'est que le monsieur vous a un drôle de ventre et qui vous en mange un peu de la marchandise.

GALOU. Qué qu'ça me fait? J' m'émeus de rien moi.

GUILLAUME, *revenant.* Ah ça, voyons, est-ce pour aujourd'hui ?

GALOU. On y va, mon Dieu, on y va !... Dirait-on pas qu'il va nous avaler ?

TOUS. Qu'est-ce qu'il a donc ?

MATHIEU. Comme il fait ses gros yeux !

GALOU. Il aura mis son bas gauche à sa jambe droite, voilà !

Tous les ouvriers entrent dans le chantier.

SCÈNE II.

GUILLAUME *seul. Il marche avec agitation.*

Six heures passées ! et M. Armand n'est pas rentré de la nuit !... Voilà une conduite... Est-ce qu'il m'aurait monté le coup, avec ses histoires d'affaires... de projets ?.. Est-ce qu'il aurait des intrigues ? Ah ! nom d'un nom !... si je le savais !... c'est qu'il s'agit d'elle, de son bonheur, et je ne plaisanterais pas !... Ah ! il faut que je sache, que je m'informe... (*Il va pour sortir et aperçoit Armand qui entre.*) Ah ! le v'là !...

SCÈNE III.

GUILLAUME, ARMAND, *venant du fond à gauche.*

ARMAND, *à la cantonnade.* Merci, je suis à ma porte !... (*En scène.*) Ah ! c'est vous, Guillaume ?

GUILLAUME. Oui, c'est moi qui attends, qui me mange les sens... D'où venez-vous ? qu'avez-vous fait ?... Est-ce qu'on vous a attaqué ?

ARMAND. Pas du tout !

GUILLAUME. Vous n'avez rien de cassé, rien de foulé ?... Tant pis ! j'aurais mieux aimé cela !

ARMAND. Je vous ai mis dans l'inquiétude, n'est-ce pas ?

GUILLAUME. Vous vous êtes conduit... c'est une indignité !

ARMAND. Voyons... il ne faut pas m'en vouloir.

GUILLAUME. Si! je vous en veux de m'avoir causé une souleur pareille.

ARMAND. Brave homme! excellent ami! Comment jamais reconnaître l'intérêt que vous me portez?

GUILLAUME. Pas de phrases... pas de boniment! Je m'laisse pas entortiller, moi; allons au fait!

ARMAND. Vous savez, Guillaume, que mademoiselle Laroche m'est plus chère que la vie.

GUILLAUME. Oui... oui, vous me l'avez dit... je le croyais... hier... mais c'matin...

ARMAND. Monsieur Laroche est riche, je n'ai rien que des espérances éloignées, et jamais le pauvre commis n'aurait pu combler la distance que la fortune établit entre nous.

GUILLAUME. Après, après?

ARMAND. Par bonheur, un homme s'est trouvé qui m'a pris depuis quelque temps en amitié, un homme qui est à la tête d'une vaste entreprise industrielle... Hier soir, il m'a fait trouver avec le banquier, les bailleurs de fonds de la compagnie qu'il organise, et j'ai la promesse d'un emploi honorable, d'une part dans les bénéfices qui peut me rapporter jusqu'à quinze, peut-être vingt mille francs par an...

GUILLAUME. Eh ben!... oui, v'là une bonne chose... ça m'fait plaisir... mais enfin... l'affaire convenue, fallait r'venir... on revient... pourquoi n'êtes-vous pas revenu?

ARMAND, *souriant*. Dieu! que vous êtes soupçonneux, Guillaume!..

GUILLAUME. Oui... oui... c'est vrai!... parce que je vous aime... vous... et puis elle aussi.

ARMAND. Eh bien, le repas s'est prolongé jusqu'au jour... Mon protecteur m'a forcé de monter dans sa voiture, et il vient de me reconduire jusqu'ici en me renouvelant les témoignages du plus vif intérêt!

GUILLAUME, *vivement*. Assez.. assez, monsieur Armand, j'vous crois! Mais sans être trop curieux, pourrait-on savoir le nom de c't'ami si généreux?

ARMAND. Parbleu, vous le connaissez déjà!... c'est monsieur Martial.

GUILLAUME. Encore cet homme-là!

ARMAND. Que voulez-vous dire?

GUILLAUME. Rien... rien... mais lorsqu'un particulier ne me revient pas, il y a comme un avertissement d'en haut!... Méfiez-vous, monsieur Armand, méfiez-vous.

ARMAND. Auriez-vous à dire quelque chose contre lui?

GUILLAUME. Pourquoi qu'il vient au chantier si souvent?

ARMAND. Mais pour affaires.

GUILLAUME. Vous n'avez donc pas remarqué qu'il tourne toujours autour de mademoiselle Clarisse?

ARMAND, *vivement*. Vous croyez, Guillaume, vous croyez que j'aurais en lui un rival?... (*Changeant de ton.*) Mais non, non, c'est impossible... S'il voulait me disputer la main de Clarisse, pourquoi m'ouvrirait-il la carrière de la fortune?

GUILLAUME. Ça, c'est juste, c'est vrai... ça ne m'était pas venu à l'idée!

ARMAND. Vous reviendrez tout à fait de vos préventions, et dès que M. Laroche sera ici, je lui ferai part de mes projets, de mes espérances... Vous m'aiderez, Guillaume, vous m'aiderez, n'est-ce pas?

GUILLAUME. Ah! ça, de tout mon cœur, par exemple... Mais rentrez vite... le bourgeois n'est pas commode, il arrive tantôt; et même pour une bonne affaire, faut pas qu'on sache que vous avez quitté votre poste.

ARMAND. Je monte vite changer de tenue et je redescends au bureau... Adieu, Guillaume. Oh! que je suis heureux!

Il lui serre la main et rentre dans le chantier.

GUILLAUME. Prenez garde que personne vous voie, surtout cette vieille curieuse de madame Gervais.

SCÈNE IV.

GUILLAUME, *puis* BARBILLON *sur la passerelle*.

GUILLAUME. C'est drôle, malgré tout c'qu'il m'dit, j'aimerais mieux que ça soit un autre qui lui ait rendu ce service-là. (*Regardant dans le chantier.*) V'là monsieur Armand rentré à son bureau... bon!... personne ne saura rien de l'escapade du jeune homme! A présent qu'il a un avenir, c'est bien le diable si le patron fait des difficultés! Elle aura un bon mari, elle sera heureuse, et moi, il ne me restera plus rien à désirer...

BARBILLON, *qui a paru sur la passerelle pendant ces derniers mots*. Eh! papa Guillaume?

GUILLAUME. Ah! c'est toi, moutard?

BARBILLON. Bonjour; ça va bien? moi de même, je vous remercie...

GUILLAUME. Qu'est-ce que tu fais donc là-haut?

BARBILLON. En passant, j'guigne une victime, histoire de faire un plongeon à son intention et de la rendre à la société... Mais je suis comme ma sœur Anne, je ne vois rien venir.

Il descend rapidement.

GUILLAUME. J'te dis qu't'as choisi là un fichu métier, mon garçon!

BARBILLON. Ah! dam... s'il y a du bénéfice, il y a aussi du chômage... ça dépend des jours et des saisons... Le dimanche et le lundi, c'est les pochards que le pied leur glisse, et qui mettent de l'eau dans leur vin; l'hiver, c'est le patineur de la haute qui fait son trou dans la glace... Au printemps, c'est la semaine des amours, des jeunesses charmantes qui se périssent pour des hommes... Hein! dites donc, un homme, quéqu' chose de rare!... Mais d'puis hier, j'ai rien vu, rien que la patrouille qui ne se mouille qu'à l'intérieur. C'est qu'on en fait un peu de ces patrouilles depuis quelque temps.

GUILLAUME. Oui, oui, la police veille.

BARBILLON. Et elle n'a pas son œil dans sa poche, la police... Bientôt on pourra se promener le long du canal à minuit comme à midi.

GUILLAUME. Les voleurs commencent à avoir peu d'agrément.

BARBILLON. Même que pour l'instant on guette une fameuse bande...

GUILLAUME. Ah bah! vraiment!

BARBILLON. Des gueux qui vous dégrafent une porte comme j'anéantis un canon.

GUILLAUME. Les brigands! j' donnerais ben quelque chose pour qu'il m'en tombât un sous la main.

BARBILLON. Ah ça, mais, en parlant de canon... et les autres, est-ce qu'ils ont oublié que je régale?* (*Appelant à la porte du chantier.*) Oh! hé! les gouapeurs, oh! eh!...

GUILLAUME. Laisse-les donc, gamin, ils travaillent ces hommes, ils ne viendront pas.

BARBILLON. Qu'un peu! les v'là qui accourent comme des sauterelles.

SCÈNE V.

LES MÊMES, MATHIEU, GALOU, OUVRIERS, COTTERET. **

TOUS. Ah! v'là Barbillon!

BARBILLON. J'ai promis le blanc, j'viens payer le blanc.

TOUS. Vive Barbillon!

MATHIEU. Ne grognez pas, Guillaume, nous avons fini...

GALOU. Et en attendant *la Saint-Nicolas* avec le père Rabat-joie... on peut bien accepter un politesse.

GUILLAUME. C'est pas défendu, et je suis bon diable, quand la besogne ne presse pas.

GALOU. C'est encore hureux! ***

BARBILLON, *la casquette à la main.* Papa Guillaume, je me flatte que vous nous ferez

* Guillaume, Barbillon.

** Guillaume, Mathieu, Barbillon, Galou, Cotteret.

*** Guillaume, Barbillon, Mathieu, Galou, Cotteret.

celui d'entrer un quart d'heure chez le notaire Giffard (*il montre le cabaret*) et de gebelotter avec les amis.

GUILLAUME. Merci, galopin, je ne bois jamais de vin.

BARBILLON. Oh! c't'idée, un fort homme comme vous... ça devrait avoir le bec ferré à glace.

GUILLAUME. Je ne bois que de l'eau.

GALOU. De la lance! excusez...

BARBILLON. Ah ça, mais, vous voulez donc vider le canal... foi de Barbillon, vous n'êtes qu'une ablette.

GUILLAUME. Chacun son genre...

BARBILLON. Eh ben, c'est dommage, vrai, c'est dommage... je vous ménageais une petite surprise...

TOUS. Quoi donc?

BARBILLON. J'ai fait une chanson.

TOUS. Toi*!

BARBILLON. Oui, moi... v'là l'explication de la charade... en flânant le soir, j'emboîte le pas avec les troubadours populaires de l'Orphéon... ça m'a donné des idées, et je suis accouché d'une cantate.

Les blanchisseuses se réunissent aux ouvriers.

TOUS. La cantate, la cantate!

BARBILLON. Attention.... (*Se posant.*) Le canal Saint-Martin, paroles et musique de ma physionomie.

AIR nouveau de M. Paul Henrion.

Gais enfants du canal, répétez mon refrain;
De Pantin à Paris, de Paris à Pantin,
Vive, vive à jamais le canal St-Martin!
Pour le joyeux gamin,
L'honnête citadin,
Vive, vive à jamais le canal Saint-Martin!

PREMIER COUPLET.

Mariniers, blanchisseuses,
Débardeurs, charbonniers,
Ses écluses nombreuses
Font vivre cent métiers;
Mieux que sur la rivière
On y gagne son pain,
C'est son eau salutaire
Qui nous fait boir' du vin...

(*S'interrompant.*) Chaud là les chœurs!

A la fin de chaque reprise on danse.

REPRISE EN CHOEUR.

Gais enfants du canal, répétez mon refrain.
Gais enfants du canal, répétons son refrain, etc.

BARBILLON.

SECOND COUPLET.

Le pêcheur à la ligne
Espère et ne prend rien,
Le bourgeois d'un air digne
Y vient baigner son chien;
Car malgré les affiches,
Depuis la fondation,
C'est d' messieurs les caniches
L'écol' de natation...

REPRISE EN CHOEUR.

Gais enfants du canal, etc.

* Guillaume, Mathieu, Barbillon, Galou, Cotteret.

Pendant cette dernière reprise, on voit Martial traverser le canal de manière à ce qu'il soit en scène à la fin du chœur et au moment où Clarisse sort du chantier.

BARBILLON, *sans la voir*. Troisième couplet !

MATHIEU. Chut ! la bourgeoise !

Ils remontent un peu à gauche.

SCÈNE VI.

LES MÊMES, MARTIAL, CLARISSE, *puis le Garçon de recette de la banque* *.

CLARISSE. Eh bien, Guillaume, et *le Saint-Nicolas* ?

GUILLAUME. A six heures, il a passé la visite des gabelous, à la gare de Bercy, et à c't'heure, il doit être à la première écluse, au grenier d'abondance.

MARTIAL, *se montrant*. Alors, nous ne l'attendrons pas longtemps !

CLARISSE. Quoi ! vous ici, monsieur..... déjà dans notre quartier ?

MARTIAL. Quand on veut combattre la concurrence, il faut savoir se lever de bonne heure.

GUILLAUME, *à part*. Il paraît que décidément il veut acheter.

MARTIAL. Si nous nous entendons, j'aurai traité avec M. Laroche avant que d'autres soient seulement instruits de sont arrivée. (*A part*.) Ils sont tous tranquilles, même Guillaume, c'est bien !

LE GARÇON DE LA BANQUE, *qui est entré de la droite pendant ces mots*. Salut, mamselle Laroche et la compagnie.

CLARISSE. Vous venez chercher des écus, monsieur Joseph ?

JOSEPH. Oui, mamselle.

CLARISSE. Entrez à la caisse ; monsieur Armand doit y être descendu.

Joseph entre dans le chantier.

CLARISSE. Eh bien... mes amis, il me semble que vous chantiez quand je suis arrivée **.

BARBILLON. Oui, mamselle, la ronde du canal ; mais devant vous, devant monsieur, je n'oserai jamais.

CLARISSE. Pourquoi donc ?

MARTIAL. Chante, petit, chante.

BARBILLON. Pour lors, troisième et dernier couplet... Chut !...

A mi-voix.

Mais voici la nuit sombre,
Sur les bords du canal
Je vois glisser une ombre,
J'entends comme un signal ;
Au ciel pas une étoile !
Bourgeois, rentrez chez vous,
La lune a mis son voile,
C'est l'heure des filous.

Il saisit le bras de Martial, qui fait un mouvement involontaire.

TOUS, *à voix basse*.

Redoutez, redoutez, honnête citatin,
De Pantin à Paris, de Paris à Pantin,
Redoutez à minuit le canal Saint-Martin.
De minuit au matin,
Honnête citadin,
Redoutez, redoutez le canal Saint-Martin.

A la fin de l'ensemble, on entend crier dans la coulisse : Mademoiselle Clarisse, mademoiselle Clarisse ! *Mouvement général.*

GUILLAUME. C'est la voix de monsieur Armand !

SCÈNE VII.

LES MÊMES, ARMAND ; *il arrive pâle e défait, et tellement troublé qu'il peut à peine parler* *.

ARMAND. Ah ! venez, venez, mademoiselle ! un malheur, un crime affreux ! nous sommes volés !

TOUS. Volés !

ARMAND. Oui, la serrure de la caisse a été forcée, le coffre-fort a disparu.

CLARISSE. Grand Dieu !

GUILLAUME. Volés !..... quand?..... cette nuit, je parie ?

ARMAND. Eh ! que sais-je ?... je viens de m'en apercevoir en voulant payer la banque.

CLARISSE. Ah ! c'est affreux !... mon père nous tuera **.

Elle s'élance dans le chantier.

GUILLAUME. Mais il faut voir... s'assurer... Oh ! mes pressentiments d'hier... je sentais un malheur ***.

Il entre aussi.

MATHIEU. Voler !..... dans un chantier !... avec tant de monde dans la maison...

BARBILLON. Ça doit être les filous que l'on guette.

GALOU. Faudrait qu'on les pende tous !

Les Ouvriers parlent vivement entre eux au fond.

MARTIAL, *jouant la surprise et le chagrin*. Ah ! mon pauvre ami ! Mais il n'y a donc plus de sûreté dans Paris !

ARMAND. Plus de vingt mille francs! un argent sur lequel je devais veiller..... dont je répondais presque !...

MATHIEU, *qui est descendu avec les ou-*

* Guillaume, Clarisse, Martial, au fond ; Mathieu, Galou, Cotteret, Ouvriers.

** Guillaume, Clarisse, Barbillon, Martial derrière les Ouvriers.

* Guillaume, Clarisse, Armand, Martial, Ouvriers.

** Guillaume, Armand, Martial, Barbillon, les Ouvriers au fond.

*** Mathieu, Barbillon, Armand, Martial, Ouvriers.

vriers à droite. Et le patron ?... Qu'est-ce qu'il va dire ?

GALOU. C'est lui qui fera un nase !

MARTIAL. Vingt mille francs ! croyez que je prends une part..... bien grande au malheur qui vous frappe... mais il y a peut-être des traces, des indices qui pourraient faire découvrir les coupables... Allez donc, mon ami, allez donc...

MATHIEU. C'est vrai, au fait, venez, monsieur Armand, venez *.

Il entraîne Armand, et sort avec lui.

GALOU, *aux autres ouvriers.* Oui !... faut voir comment le coup a été fait...... faut fouiller le chantier... si les gueux y sont... faudra les jeter au canal.

BARBILLON. Et moi, je ne les repêche pas.

GALOU. Venez... venez !

Ils entrent tous dans dans le chantier.

Pendant ce temps, on voit Cabot vêtu en groom traverser la passerelle et s'approcher de Martial avec précaution.

SCÈNE VIII.

CABOT, MARTIAL, *dans le fond, au milieu d'un groupe.*

MARTIAL, *à lui-même.* Pourvu que les maladroits n'aient rien oublié sur le terrain... une casquette, un outil... la moindre chose pourrait nous trahir.

CABOT, *bas à Martial.* Eh ! l'allumeur !

MARTIAL, *vivement.* Que diable viens-tu faire ici, toi ?

CABOT. T'annoncer une trouvaille.

MARTIAL. Quoi ?

CABOT. Un portefeuille caché dans le double fond du coffre-fort.

MARTIAL. Avec des billets de banque ?

CABOT. Non, des papiers de famille.

MARTIAL. Qu'est-ce que tu veux que j'en fasse ?

CABOT. Dam ! tu verras ça toi-même...

MARTIAL. On vient, tais-toi.

CABOT, *à haute voix.* Yes, mylord, je attendais vos.

SCÈNE IX.

LES MÊMES, GUILLAUME, GALOU, MATHIEU, OUVRIERS, *et successivement* CLARISSE, ARMAND, LE GARÇON DE LA BANQUE, Mme GERVAIS **.

GUILLAUME. Ah ! les canailles, les infâmes gredins !

CABOT, *à part.* Comme il parle du monde ! c'est bon.

GALOU. Pas une seule trace... pas seulement une bûche de dérangée !

GUILLAUME. Oh ! ils avaient bien pris leurs mesures.

CABOT, *à part.* Eux pas bêtes.

GUILLAUME. Rien... absolument rien qui puisse nous mettre sur la voie...

MARTIAL, *à part.* Je respire !

GUILLAUME. Mais comment donc auront-ils fait pour s'introduire dans la maison ? Pour forcer une porte sans réveiller personne..... sans que le moindre bruit ait pu donner l'alarme ?

CABOT, *à Martial.* Aurait peut-être fallu chanter la Marseillaise, pour plaire à Môssieu.

MARTIAL, *bas.* Mais, tais-toi donc, animal !

Mme GERVAIS, *entrant, se place entre Guillaume et Mathieu.* Quel malheur, mon bon Dieu ! quel malheur ! *(A Guillaume, après avoir salué Martial.)* Mais où était donc votre monsieur Armand pour n'avoir rien entendu ?

GUILLAUME. Ça ne vous regarde pas.

Mme GERVAIS. Nous verrons, nous verrons si ça ne me regarde pas *.

CLARISSE, *entrant avec Armand et le Garçon de la banque.* Monsieur Joseph, donnez-moi votre bordereau... j'irai moi-même à la banque. *(Le Garçon salue et sort.)* Et vous, monsieur Armand, au lieu de vous affliger, secondez-moi dans cette circonstance difficile.

ARMAND. Ah ! mademoiselle, s'il suffisait de donner ma vie **...

Tous les Ouvriers remontent la scène.

MARTIAL. Avant tout, mademoiselle, il faut faire votre déclaration.

CABOT, *à part.* A-t-il un aplomb !

GUILLAUME. Oui, qu'il faut y aller et tout de suite... peut-être que l'on pourra découvrir les gueusards !

CABOT, *à part.* Nous découvrir, des pommes !

CLARISSE. Avant tout, monsieur, il faut nous mettre en mesure de payer... Il ne faut pas que la signature de la maison reste un jour en souffrance... Monsieur Armand, rentrez au bureau ; s'il se présente d'autres effets, prenez les adresses... moi, je cours chez le banquier de mon père : il a des fonds à lui, et j'espère que nous parerons à tout.... *(A Martial.)* Pardon, monsieur, mais le temps presse... *(bas.)* Du courage, monsieur Armand... la colère de mon père sera terrible, mais nous serons deux pour l'affronter.

GUILLAUME. Nous s'rons trois, mamz'elle, nous s'rons trois !...

* Barbillon, Galou, Cotteret, Ouvriers.
** Cabot, Martial, Guillaume, Mathieu, Galou, Cotteret, Ouvriers.

* Cabot, Martial, Guillaume, Mme Gervais, Mathieu, Galou, au fond, Clarisse, le Garçon de banque, Armand.
** Cabot, Martial, Guillaume, Clarisse, Armand, Mme Gervais.

CLARISSE, *elle lui tend la main.* Venez, madame, Gervais, venez.

Elles sortent.

SCÈNE X.

LES MÊMES, *moins* CLARISSE *et* Mme GERVAIS*.

GUILLAUME, *voyant sortir Clarisse.* Hein! quelle femme! vous a-t-elle une tête et un cœur!

GALOU, *qui s'est rapproché avec les autres ouvriers sur le devant de la scène.* Après tout.. le patron a de la douille, il peut perdre.. si nous reparlions du blanc, hein?.. les émotions, ça m'altère.

BARBILLON. Tu ne vois donc pas le chagrin de ce pauvre monsieur Armand?

GALOU. Raison de plus pour prendre un doigt de consolation... à son intention!... Venez donc** !...

Il entraîne les Ouvriers, et ils entrent dans le cabaret à pas de loup.

ARMAND. Que faire maintenant? que devenir?

MARTIAL. C'est désolant!

GUILLAUME. J' voulais pas vous laisser sortir, moi! j' voulais pas vous donner la clef!... Si vous aviez été là, de vot' chambre, au-dessus de la caisse, vous auriez pu entendre, donner l'éveil!..

ARMAND. Oui, je me serais fait tuer peut-être, mais ce vol n'aurait pas été commis! C'est ma fatale absence qui a tout fait!..

GUILLAUME. Qui vous perd, qui ruine votre avenir!

MARTIAL. Combien je regrette de vous avoir entraîné, retenu!

GUILLAUME, *frappé d'une idée.* Eh ben, non! tout n'est pas désespéré!

ARMAND *et* MARTIAL. Comment?

GUILLAUME. Il vient de m' pousser une idée flambante***!

ARMAND. Laquelle, Guillaume? parlez vite!

GUILLAUME. Monsieur Martial!... vous êtes pour quéqu' chose dans tout cela, vous!

MARTIAL. Hein?

Cabot fait aussi un mouvement.

GUILLAUME. C'était pour un bien, je le sais; mais pas moins c'est vous qui avez entraîné l' jeune homme. Eh bien, si c'est vrai qu' vous soyiez son ami, faut l' tirer de ce mauvais pas.

MARTIAL. Moi!

* Cabot, au fond, Guillaume, Mathieu, Martial, Armand.

** Cabot, Martial, Armand, Guillaume.

*** Cabot, Martial, Guillaume, Armand.

GUILLAUME. Écoutez, monsieur Martial... Hier j'ai été brutal, butor même avec vous... je vous en demande excuse.

MARTIAL. Je ne pense plus à cela, mon brave homme!

GUILLAUME. Pour lors je m' risque, et je vous dirai sans phrases: Monsieur Martial, voilà un garçon perdu, chassé... Ah! c'est tout comme, j' connais le patron... ben heureux encore s'il ne l'accuse pas!

ARMAND. Qui? moi?.. Oh! ce serait affreux!

GUILLAUME. Vous avez promis à monsieur Armand une bonne place avec de beaux bénéfices.., eh ben, faut la lui donner tout de suite, et avec ce qu'il gagnera, il remboursera ce qu'il a fait perdre au père Laroche! C'est ça une idée!

MARTIAL. Sans doute, ce serait un moyen... et je me trouverais heureux de rendre service à monsieur Armand dans une si pénible circonstance; mais je suis forcé de vous le dire, cette place que j'avais cru pouvoir vous promettre...

ARMAND. Eh bien?

MARTIAL. Je viens d'apprendre, en vous quittant, que notre principal actionnaire en avait disposé pour son fils.

ARMAND. Grand Dieu! tout à la fois!

GUILLAUME, *froidement.* J'aurais parié qu' ça finirait comme ça... (*Vivement.*) Eh ben, c'est un petit malheur! la place est promise, il s'en passera, il gardera la sienne ici; elle en vaut bien d'autres... mais ça dépend de vous. Allons, monsieur Martial, un gaillard qui a des voitures, des domestiques et des gants serins, n' doit pas être embarrassé pour trouver queuq's billets d' mille...

ARMAND. Guillaume!

GUILLAUME. Avancez-lui la somme, il vous la rendra aussi vrai que Dieu est bon! Monsieur Laroche ne saura rien, et tout sera arrangé!

CABOT, *à part.* Plus souvent! Les billets pris au bureau, on n'en rend pas la valeur!

GUILLAUME. Ça y est-il?

MARTIAL. Je suis désolé... tous mes fonds sont engagés.

GUILLAUME. Mais cependant *...

ARMAND. Assez, Guillaume, assez! votre bon cœur m'a exposé à un refus pénible, mais qui ne me décourage pas! J'ai d'autres amis!

GUILLAUME, *avec chaleur.* Oui, vous en avez d'autres! des bons! des vrais!

ARMAND. Ils consentiront, je l'espère, à me prêter leur appui! Mais mon devoir en ce moment est de rester ici, d'attendre le retour de monsieur Laroche, de m'exposer à sa colère, à ses justes reproches! Ce devoir, je saurai

* Cabot, Martial, Armand, Guillaume.

le remplir avec résignation! Adieu, monsieur; j'ai cru un instant à votre amitié...

GUILLAUME. Pas moi!

ARMAND. Je sais à présent le cas que j'en dois faire!

Il rentre dans le chantier.

SCÈNE XI.

CABOT, MARTIAL, GUILLAUME, BARBILLON, *sortant du cabaret avec* MATHIEU.

GUILLAUME, *suivant Armand jusqu'à la porte.* Bravo! bis! voilà qui est parlé!

MARTIAL, *à part.* Bon voyage.

GUILLAUME, *s'adressant à Martial.* Oui, il en aura des amis... pas des faiseurs d'esbrouffe, pas des blagueurs!

MARTIAL. Monsieur Guillaume, faites attention à vos paroles!

GUILLAUME. De quoi! mes paroles? J' dis ce que je pense, et j' crains personne!

MARTIAL. S'il fallait prêter de l'argent à tous ceux qui se laissent voler...

CABOT. Goddem!

MARTIAL. On aurait fort à faire!

GUILLAUME. C'est bon, on vous d' mande plus rien! Mais si je les tenais ceux qui l'ont volé...

MARTIAL. Ils ne sont peut-être pas bien loin!

CABOT, *effrayé, à part.* Qu'est-ce qu'il dit donc?

MARTIAL. Il y a tant de monde dans un chantier, tant de peuple, tant d'ouvriers!

GUILLAUME. T'attaques les ouvriers!... Les ouvriers travaillent, et ne volent pas!... Les filous, c'est des feignants, des libertins, tous ceux qui veulent avoir sans gagner!... Oh! y en a des bien mis*!...

MATHIEU, *qui s'est approché pendant ce qui précède avec Barbillon.* Venez donc, père Guillaume, venez donc avec nous.

BARBILLON. Au lieur de vous faire du mauvais sang.

GUILLAUME. As-tu vu c't' oiseau-là qui voudrait faire accroire... Oh! mais j'y clôrai l' bec, moi!

MATHIEU *et* BARBILLON. Laissez-le donc!

GUILLAUME. A cause qu'on a des bourgerons et qu'il a un habit!... Mais c'est à nous, c'te toile-là... et t'as peut-être pas payé ta queue de morue!

Martial fait un mouvement, Cabot le retient.

MATHIEU. V'nez donc! les amis vous demandent!

GUILLAUME. Oui, emmenez-moi; si je restais, j'aurais des raisons avec c'te canaille-là!

Il est entraîné dans le cabaret par Mathieu et Barbillon.

BARBILLON, *entrant.* Garçon, un gobelet pour un dame.

* Cabot, Martial, Barbillon, Guillaume, Mathieu.

SCÈNE XII.

CABOT, MARTIAL.

MARTIAL, *menaçant Guillaume.* Ah! mon gaillard! tu n'as qu'à te bien tenir!

CABOT. Est-ce que tu vas rester là?

MARTIAL. Crois-tu que ce Guillaume me fasse peur? Il y a de mauvaises notes sur lui, et il n'osera pas bouger.

CABOT. C'est égal... mon avis serait de nous la briser.

MARTIAL. Pour donner l'éveil, imbécile!

CABOT. C'est vrai, au fait! Mais qué toupet! venir juste au moment où on s'aperçoit de la plaisanterie!

MARTIAL. C'est là le truc! (*Froidement.*) Voyons ce portefeuille!

CABOT, *le lui remettant.* Dis donc, s'il y a une affaire là dedans, est-ce que nous ne pourrions pas manger la grenouille à nous deux sans en parler aux autres?

MARTIAL. Cabot, vous me faites de la peine. Il ne suffit pas d'être voleur; il faut être honnête!

CABOT. Blagueur, va! T'oses pas, v'là tout. J' vas faire le guet.

Il remonte un peu au fond.

MARTIAL, *examinant les papiers.* Une belle prise qu'ils ont faite là! des actes de naissance, un passe-port, des titres de propriétés! (*Changeant de ton.*) Que vois-je? « Laroche, armateur, embarqué à bord du brick *le Rôdeur*, en destination du Havre et venant des Antilles. » (*Feuilletant vivement les papiers.*) L'année? l'année? « 1827! » Grand Dieu!... Oh! mais c'est impossible! Et partout cependant le nom de Laroche, de ce Laroche que j'ai vu mourir sur la côte de Guinée!... Est-ce que les morts reviendraient? Il y a là-dessous un mystère, et dans un mystère, pour un homme habile, il y a toujours quelque chose à gagner! Pour moi seul, bien entendu*!

CABOT, *revenant.* Eh ben, l'allumeur! y a-t-il mèche?

MARTIAL. Fumés! Mon pauvre Cabot, ces papiers ne sont bons qu'à faire des cigarettes!

Il les met dans sa poche. En ce moment, on entend un grand bruit dans le cabaret.

CABOT, *effrayé.* Qu'est-ce que c'est que ça?

MARTIAL. Laisse donc! Tu trembles toujours, toi!

* Martial, Cabot.

SCÈNE XIII.

LES MÊMES, BARBILLON, *puis* GALOU, MATHIEU, LES OUVRIERS, GUILLAUME, *au fond.*

BARBILLON, *sortant du cabaret, et dans le plus grand trouble.* Ne lui donnez plus à boire! Venez, venez! laissez-le.

GALOU. Oui, ne l'ostinez pas... il est féroce quand il a un verre de vin.

GUILLAUME, *entrant en bousculant les ouvriers.* Mais laissez-moi donc passer!

MARTIAL, *à Cabot.* Encore ce Guillaume! ça finira mal pour lui!*

GUILLAUME. J' vous dis qu'il nous a traités de filous, et que j' veux lui donner son compte.

GALOU. T' auras raison.

CABOT, *à Martial.* Filons, filons... v'là mon opinion politique*!

MARTIAL. N'aie pas peur!

GUILLAUME. Voyez-vous, le v'là encore à rôder par ici... à cause qu'il en tient pour mamselle Clarisse... qu'il a voulu débaucher le jeune homme pour que l' patron le chasse.

MARTIAL. Moi?

GUILLAUME. Mais tu ne réussiras pas... parce qu'auparavant je saurai combien que ça pèse un lion!

Il retrousse ses manches.

GALOU. Y aura du tabac!

MARTIAL* A la fin, je perds patience! Qu'est-ce que vous me voulez?

GUILLAUME. Je veux t'apprendre la politesse et t'ôter l'envie de reparaître au chantier.

GALOU. Il veut vous payer une salade, quoi!

CABOT. Venez, venez, mylord.... laissez là cette grosse pocharde**.

GUILLAUME, *s'élançant sur Cabot.* Toi, tu vas te taire, méchant rosbiff, où je te prends pour taper sur l'autre.

Cabot se pose pour boxer. Guillaume lui donne une poussée qui le renverse. Cabot se relève et va rejoindre Martial.

LES OUVRIERS, *voulant s'approcher.* Mais non... non... c'est des bêtises, faut pas les laisser faire***.

GALOU. Laissez-le donc taper, si c'est son idée.

MARTIAL. Prenez garde, Guillaume... Ne vous exposez pas à une seconde condamnation!

* Barbillon, Mathieu, Guillaume, Galou, Ouvriers, Cotteret, Martial, Cabot.

** Cabot, Martial, Galou, Barbillon, Mathieu, Guillaume.

*** Mathieu, Martial, Barbillon, Galou, Guillaume, Cabot.

GUILLAUME *s'élançant sur lui.* Misérable!

LES OUVRIERS, *le retenant.* Guillaume?

GUILLAUME. Lui! aussi!... il me reproche une faute qui m'a fait pleurer toutes les larmes de mon corps! J'ai pardonné à Galou... mais à lui!... Laissez-moi!... J' veux le jeter dans le canal.

Il se débat.

MARTIAL. Retenez-le! je suis armé!

GUILLAUME, *aux ouvriers qui le retiennent.* Ah! vous êtes tous des lâches!... *

On le force à s'asseoir sur un tas de pierres. Des Gardes municipaux ont paru au fond pendant les derniers mots de Guillaume.

UN GARDE MUNICIPAL, *s'avançant.* Qu'est-ce que c'est?... qu'est-ce qu'il y a? une dispute, des menaces?...

BARBILLON. C'est rien, monsieur le sergent, c'est rien... c'est un vieux qui a son jeune homme.

LE GARDE. Ah! c'est Guillaume!...... qu'il se tienne tranquille... ou sinon......

BARBILLON. Oui, monsieur le sergent.... je réponds de lui, moi!...

Il reconduit le Garde avec les autres Ouvriers.

MARTIAL, *bas à Cabot en lui montrant Guillaume.* Cabot... voilà un homme que je te recommande.

CABOT. Sois tranquille; il me payera son coup de poing.

Martial et Cabot sortent par le premier plan à droite.

SCÈNE XIV.

GUILLAUME, MATHIEU, BARBILLON, OUVRIERS, GALOU**.

BARBILLON, *aux Ouvriers.* C'est-y godiche de se mettre dans des états pareils pour deux ou trois méchants verres!...

MATHIEU. Il nous l'avait ben dit hier, que l' vin lui faisait c't effet-là...

GALOU, *montrant les Gardes qui sont encore au fond.* Un peu plus on le logeait à l'œil!

GUILLAUME, *à lui-même.* Non... non... plus de vin... Jamais! il me rend furieux!... (*Se levant avec colère.*) Qui donc qui m'a fait boire?

GALOU, *poussant Mathieu.* Dis-y que c'est toi.

Mathieu le repousse.

GUILLAUME, *passant la main sur son front.* Ah!... c'est mal!... d'exposer un homme... Si j'avais pas bu... il y a vingt ans je n'aurais pas frappé un ami!... (*Avec dés-*

* Cabot, Martial, le Garde, Barbillon, Mathieu, Guillaume.

** Galou, Mathieu, Barbillon, Ouvriers, Guillaume.

espoir.) Je n'aurais pas été condamné. (*Retombant sur son banc.*) Je n'aurais pas perdu ma femme et ma fille.

Il pleure.

BARBILLON, *qui est monté sur la passerelle.* Voilà *le Saint-Nicolas !*

Tous les Ouvriers remontent.

MATHIEU, *courant à Guillaume.* Guillaume... père Guillaume, voilà le patron.

GUILLAUME, *se levant.* Monsieur Laroche !

MATHIEU. Oui, le bateau est sur le canal.

GUILLAUME, *cherchant à se remettre.* Allons, allons, c'est bien !... chacun à son poste, attention !

GALOU. C'est fini de rire... v'là le père Croquemitaine qui arrive.

GUILLAUME, *à part.* Ah ! pourvu qu'il ne s'aperçoive de rien... c'est qu'il me chasserait !

BARBILLON. Le voilà !... le voilà qui sort de la voûte.

On entend au dehors le cri des mariniers : *Oh ! oh !...*

SCÈNE XV.

LES MÊMES, CLARISSE, Mme GERVAIS *.

CLARISSE, *arrivant toute essoufflée.* Guillaume !... Guillaume !

GUILLAUME, *s'avançant.* Voilà, mamselle.

CLARISSE. Savez-vous si l'on est encore venu en mon absence ?

GUILLAUME. Non... non... je ne crois pas... Mais comme vous v'là essoufflée !...

CLARISSE. C'est que j'ai couru... il fallait avoir l'argent... Et Dieu merci, je l'ai !... tout sera payé avant midi. C'est là l'essentiel... Mais, je vous en prie, Guillaume, recommandez bien aux ouvriers de ne rien dire devant mon père sur le malheur de cette nuit !

GUILLAUME. Soyez tranquille, mamselle.

Clarisse rentre dans le chantier.

Mme GERVAIS, *la suivant.* Ça n'empêchera pas monsieur Armand d'être bien arrangé !

Elle rentre aussi.

GUILLAUME. Allons, allons ! débarrassez le port !... retirez-vous !

SCÈNE XVI.

GUILLAUME, MATHIEU, GALOU, BARBILLON, OUVRIERS, PASSANTS, ENFANTS ; *puis* LAROCHE ; *puis* CLARISSE ; ARMAND, Mme GERVAIS **.

Les passants s'éloignent ; les gardiens de l'écluse tournent la mécanique. Barbillon et les gamins sont sur la passerelle. Le bateau s'avance lentement. Laroche est sur le tillac, il dirige le bateau avec un croc.

TOUS. Le voilà ! le voilà !

BARBILLON. Hein ! quelle coquille de noix ! On ferait le tour du monde là-dedans !

CLARISSE, *entrant et parlant bas à Armand.* Vous avez les adresses, l'argent ; dès que vous aurez salué mon père, courez payer ces billets. Je me charge ensuite de tout.

ARMAND. Ah ! mademoiselle, que vous êtes bonne !

CLARISSE. Mais surtout ne tremblez pas comme ça... mon père se douterait de quelque chose... et le premier mouvement serait terrible.

ARMAND. Je saurai commander à mon émotion.

GALOU. Regardez donc le patron qui gouverne lui-même le bateau. C't'air gracieux qu'il vous a !

LAROCHE, *prenant un câble et criant.* Attention, là-bas... Attention au câble.

GUILLAUME, *s'apprêtant à le recevoir.* Envoyez !...

Il le saisit et l'attache à un poteau.

LAROCHE. Serrez... serrez, mille tonnerres !...

GALOU. Bon, v'là qu'il commence à chanter !...

LAROCHE. La planche !... Allons donc !

MATHIEU. Vite la planche.

Il court la chercher dans le chantier.

LAROCHE. Il n'y a donc personne là bas ?... Eh ! Guillaume ?... Mathieu ?...

GUILLAUME, *criant.* La planche !

MATHIEU *et un autre ouvrier apportant une grande planche.* Gare-là, gare !...

Ils placent un bout de la planche sur le bateau.

LAROCHE, *s'élançant sur la planche.* Il faut donc tout vous dire, maintenant !

Il descend sur le port.

LES OUVRIERS, *ôtant leurs chapeaux.* Salut, monsieur Laroche !... ça va bien, monsieur Laroche ? *

LAROCHE, *brusquement.* Bien... très-bien !

CLARISSE, *s'approchant.* Bonjour, mon père.

LAROCHE, *sans la regarder.* Bonjour... bonjour !

GUILLAUME, *à part.* Il ne l'embrasse seulement pas !

LAROCHE, *à Guillaume.* Approche ici, toi. (*Guillaume s'avance.*) A-t-on fait de la place dans le chantier ?

GUILLAUME. Tout est prêt... On pourra commencer dès demain à débarrasser le bateau.

* Mme Gervais, Clarisse, Guillaume.

** Guillaume, Mathieu, Galou, Larroche, Barbillon, Clarisse, Armand, Mme Gervais.

* Guillaume, Laroche, Clarisse, Armand, Mme Gervais, les Ouvriers, qui commencent à débarrasser le bateau.

LAROCHE. Demain! aujourd'hui, à l'instant! Faut-il donc payer ces gaillards-là à rien faire?

GUILLAUME. C'est que je croyais....

LAROCHE. Assez!... monte sur le bateau et qu'on se dépêche. *

Il remonte un peu avec Guillaume.

GALOU, *à part.* Est-il caressant!... Amour, va!...

MATHIEU. Et dire que c'est la probité, l'honneur en personne!... Ah! dam... faut ça pour qu'on lui passe d'être si sévère!

LAROCHE, *revenant.* Eh bien!... voyons... allez-vous rester là... le nez en l'air? (*Les ouvriers vont vite à leurs postes. Laroche regarde du côté de Clarisse et d'Armand.*) Allons... approchez.**

Clarisse vient à sa gauche, Mme Gervais à sa droite. Armand s'approche.

Mme GERVAIS. Et votre chère santé me paraît toujours florissante?

LAROCHE. Parfaite!... Pourquoi n'est-on pas venu au devant de moi?

CLARISSE. Nous ne vous attendions pas si tôt.

Mme GERVAIS. Quand il saura...

Clarisse la pousse.

LAROCHE. A-t-on bien travaillé pendant mon absence?

CLARISSE. Oui, mon père.

LAROCHE. Et la vente?

CLARISSE. A été très-bonne.***

LAROCHE, *à Armand.* Et vous, monsieur? j'espère que vous vous serez montré digne de ma confiance...

Mme GERVAIS, *à part.* Oui... joliment!

Clarisse lui fait un signe.

LAROCHE. Et que vous me rendrez bon compte de la procuration que je vous avais donnée. Ah!... j'éplucherai votre conduite, je vous en préviens!

ARMAND, *à part.* Oh! mon Dieu! que dira-t-il?

CLARISSE, *à part.* Malgré moi, je tremble!

LAROCHE. Allons, rentrez au chantier!

CLARISSE. Mon père, vous ne venez pas vous reposer un moment?

LAROCHE. Je ne suis pas fatigué. Je reste pour activer les travaux, pour faire marcher ces paresseux-là!

Il remonte****.

CLARISSE, *à Armand.* Profitez de l'occasion... sortez par la petite porte... et surtout ayez bon espoir... C'est moi qui plaiderai votre cause!

Armand rentre dans le chantier avec Clarisse. En ce moment Martial arrive par la gauche.

* Mathieu, Galou, Guillaume, Laroche, Clarisse, Armand, Mme Gervais.

** Mme Gervais, Laroche, Clarisse, Armand.

*** Mme Gervais, Clarisse, Laroche, Armand.

**** Laroche, Clarisse, Armand, Mme Gervais, au fond.

SCÈNE XVII.

LES MÊMES, *moins* ARMAND *et* CLARISSE, MARTIAL. *

MARTIAL, *à part. Le Saint-Nicolas* est arrivé... Il me tarde de voir ce Laroche... C'est lui sans doute qui donne des ordres à ses ouvriers. Approchons. (*Il fait un mouvement pour avancer. En ce moment Laroche se retourne.*) Grand Dieu!... ces traits... ce regard!... Ah! quelle rencontre! **

CLARISSE, *rentrant et apercevant Martial.* Ah! c'est vous, monsieur?

MARTIAL, *se remettant.* Oui, mademoiselle; je viens saluer M. Laroche.

CLARISSE, *à Laroche qui s'avance.* Mon père, je vous présente monsieur Martial, une de nos nouvelles pratiques.

Martial salue.

LAROCHE, *saluant.* Monsieur...

MARTIAL, *à part.* Il ne me reconnaît pas!... me tromperais-je?

CLARISSE. Monsieur est disposé à traiter avec vous, et peut-être du chargement entier de votre bateau.

LAROCHE. Si monsieur veut prendre la peine de passer demain au chantier, nous nous entendrons.

MARTIAL. Je l'espère. (*Un peu plus bas, pendant que Clarisse va parler à madame Gervais et remonte avec elle pour regarder le bateau.*) Mais demain, ce serait bien tard!

LAROCHE. Aujourd'hui même, si vous le désirez!

MARTIAL, *plus bas encore.* Ce soir, il faut que je vous parle, à vous seul... (*Laroche le regarde avec surprise.*) Et sans que personne puisse savoir que nous nous sommes vus.

LAROCHE. Ce soir... que signifie?...

MARTIAL. Vous choisirez vous-même l'heure et le lieu!

LAROCHE. Ah çà, mais, monsieur...

MARTIAL, *avec fermeté.* Il le faut, monsieur Laroche! (*Bas.*) Je l'exige, Pierre Bénard!

LAROCHE. O ciel!...

MARTIAL, *à part.* C'est lui!

LAROCHE, *le regardant avec effroi.* Qui donc êtes-vous?

MARTIAL. Vous le saurez!... A quelle heure le rendez-vous?

LAROCHE. A dix heures!

MARTIAL. Le lieu?

LAROCHE, *après un moment d'hésitation.* Dans ma cabine! à bord du *Saint-Nicolas!*

MARTIAL. J'y serai!

Martial et Laroche se saluent sans se quitter des yeux.

* Martial, Laroche, Ouvriers.

** Martial, Laroche, Clarisse, Mme Gervais.

ACTE TROISIÈME.

Le Saint-Nicolas. — Le théâtre représente la cabine du bateau le *Saint-Nicolas*. A droite, une table et deux tabourets en bois. Une trappe équipée. Au fond, une fenêtre, œil-de-bœuf. Une petite armoire dans le fond. A gauche, au premier plan, une porte conduisant dans l'intérieur du bateau. Un peu plus loin, une porte par laquelle on vient du dehors avec quelques marches et une rampe. Un petit cartel au fond, à côté de la fenêtre.

SCÈNE PREMIÈRE.

LAROCHE, *seul; il entre par la porte de gauche; il tient une lanterne à la main et il parle à la cantonnade.*

On ne quittera le bateau qu'à neuf heures, pas avant! je veux que l'entrepont soit débarrassé ce soir. (*Il referme la porte.*) C'est à dix heures seulement que ce M. Martial doit venir me trouver sur mon bateau, et à dix heures je serai seul ici. (*Il pose sa lumière sur la table, puis il s'assied auprès.*) Pierre Bénard!... je croyais que personne en Europe ne connaissait ce nom! Et voilà qu'après vingt ans, un étranger, un homme que je n'ai jamais vu, vient tout à coup le faire retentir à mes oreilles! — Comment a-t-il pu l'apprendre?... et pourquoi, le connaissant, invoque-t-il un pareil souvenir pour exiger de moi une entrevue secrète? — Je m'y perds! — Après tout j'ai peut-être tort de m'alarmer ainsi; ma réputation est trop bien établie sur les bords de ce canal pour que j'aie rien à craindre. D'ailleurs, s'il le faut, je prouverai facilement à ce Martial qu'il a été trompé par quelque ressemblance singulière et que Laroche le négociant n'a pas le moindre rapport avec Pierre Bénard! — (*Avec force et crainte.*) Et cependant, les yeux de cet homme attachés sur les miens m'ont dit qu'il existe entre lui et moi un lien caché, inexplicable. Je voudrais l'avoir revu! (*Il tire sa montre.*) J'ai plus d'une heure encore à attendre! Une heure!... Je suis heureux de ce délai. Je ne sais quelle crainte vague s'empare tout à coup de mon esprit. Il me semble qu'un danger sérieux me menace! — Si j'étais obligé de quitter Paris à la hâte!... — Je dois être prêt à tout événement... Il faut dix minutes pour courir chez mon banquier, et je veux savoir au juste ce qu'il possède à moi de fonds disponibles.

Il prend son chapeau et se dispose à sortir. On entend un bruit de voix à la porte de droite.

GUILLAUME, *en dehors.* Je te dis que tu n'entreras pas!

GALOU. Mais puisque j'ai à lui parler!

LAROCHE, *ouvrant la porte.* Qu'est-ce que c'est? pourquoi tout ce bruit?

SCÈNE II.

LAROCHE, GUILLAUME, *puis* GALOU, MATHIEU, OUVRIERS.

GUILLAUME, *entrant et retirant vivement la porte après lui.* Pardon, monsieur Laroche; c'est Galou qui veut à toute force venir vous déranger; moi j' sais qu' vous n'aimez pas ça.

LAROCHE. Galou?... où est-il?... que veut-il?... voyons, qu'il entre.

GUILLAUME. Ah! si c'est vot' idée!... pour lors... (*Il ouvre la porte.*) Entre!*

GALOU, *entrant, sa casquette à la main.* Excusez, monsieur Laroche... (*Se retournant.*) Entre aussi, Mathieu.

MATHIEU, *entrant.* Fâché d' vous importuner, monsieur Laroche... (*Se retournant.*) Entrez aussi, vous autres.

Quelques ouvriers entrent timidement et se tiennent au fond, pendant que les autres restent à la porte.

LAROCHE, *à Guillaume.* Qu'est-ce que ça signifie?

GUILLAUME. Dam... qu'ils s'expliquent!

LAROCHE, *aux Ouvriers.* Pourquoi quittez-vous l'ouvrage sans permission? J'ai dit qu'on ne s'en irait qu'à neuf heures!

GALOU. Il les est... bourgeois, il les est.

LAROCHE, *regardant l'heure.* C'est juste. Alors vous pouvez partir si c'est ça que vous voulez.

GALOU. Oui, bourgeois, d'abord et d'une ça ne peut pas nuire, vu que la journée a été rude et que les fumerons demandent grâce.

LAROCHE. Ah! c'est un pour-boire qu'il vous faut, n'est-ce pas?

GALOU. Dam... (*A part aux autres.*) Oh! c' t' idée qui lui prend! prenons toujours.

LAROCHE. Tenez! vous partagerez ça.

GALOU, *prenant l'argent.* Une voiture à quatre roues!... Excuso!

LAROCHE. Maintenant tournez-moi les talons.

GALOU. C'est que...

LAROCHE. Quoi?... vous n'êtes pas contents?

GALOU. Oh! si!... Mais c'est que...

LAROCHE. Parle donc!...

* Guillaume, Laroche, Galou, Mathieu, Ouvriers.

GALOU. Voilà l'histoire... Chaque année les marchands du canal donnent une fête à l'île d'Amour... et il s'trouve, bourgeois, que c'est d'main vot' tour!

LAROCHE. Oui, c'est une sotte coutume, mais enfin je m'y conformerai. Il faut bien faire comme tout le monde.

GALOU. Si c'était un effet de vot' part de nous dire si nous serons du festin de Balthazar... nous les ouvriers ?

LAROCHE. Sans doute, puisque c'est l'usage.

GALOU. Pour lors, bourgeois, ça s'rait un deuxième effet de vot' part d' nous avancer une quinzaine ; l'histoire de nous donner un coup d' torchon et d' faire honneur au monde.

LAROCHE. Une quinzaine d'avance!... ça t'est facile à dire à toi!... Je n'aime pas les avances, ça engendre la paresse.

MATHIEU, *bas*. Il va pas vouloir.

LAROCHE. Mais enfin, pour cette fois, j'y consens.

LES OUVRIERS, *avec joie*. Ah!...

LAROCHE. Mais j'aurai l'œil sur vous! Et le premier qui ne travaillera pas ferme aura affaire à moi!

Il va prendre de l'argent dans une armoire.

MATHIEU, *bas à Galou*. Tu ne risques rien, toi.

GALOU. Moi! j' m'éreinte... à preuve aujourd'hui.

MATHIEU. T'as rien fait!

GALOU. J'ai rien fait?... j'ai culotté trois pipes.

LAROCHE. Tiens, Guillaume, tu feras le compte de chacun; mais seulement demain matin, quand on aura fini de débarrasser le bateau. Tu me rendras le reste.

Il lui donne des rouleaux.

GALOU. Que ça de saucisses!

LAROCHE. Maintenant reprenez vos vestes et allez vous-en! que dans cinq minutes il n'y ait plus personne sur le bateau. — Toi, Guillaume, tu m'attendras.

Il monte l'escalier.

LES OUVRIERS, *le suivant*. Merci bien, monsieur Laroche.

GALOU. Patron, je vous trouve très-gracieux, ma parole d'honneur.

LAROCHE, *se retournant*. Ah ça, voyons... allez-vous partir?

LES OUVRIERS. Voilà... voilà!

Ils sortent par la droite en se bousculant, pendant que Laroche sort par l'escalier.

SCÈNE III.

GUILLAUME, *seul, suivant les Ouvriers jusqu'à la porte.*

Vous avez entendu M. Laroche?... Dépêchez-vous d' filer... et éteignez les lanternes! (*A lui-même.*) Pourquoi donc qu'il sort si tard?... — C'est drôle?... Il fait des avances, il donne des pour-boire!... pour sûr il n'est pas dans son assiette ordinaire. — Lui qui est toujours si pressé, quand il arrive, de tout voir, de tout vérifier... c' te fois-ci il n'a rien demandé. Après ça, c'est un bonheur... au moins on pourra l'amener tout doucement à la chose... Pauv's enfants... ils attendaient l' départ des ouvriers... j' suis sûr qu'ils sont dans des transes... sans compter qu' moi-même... j'e suis pas rassuré!... (*Prêtant l'oreille.*) Bon... v'là les ouvriers qui partent. (*A la porte.*) A demain de bonne heure.

GALOU, *dans le bateau en s'éloignant*. Adieu, père Guillaume.

Chantant.

Gais enfants du canal, répétez mon refrain :
De Paris à Pantin,
Vive à jamais le canal Saint-Martin!

BARBILLON, *qui pendant ces derniers mots a poussé la fenêtre du fond et qui passe sa tête, achevant l'air.*

Pour le joyeux gamin,
L'honnête citadin,
Vive à jamais le canal Saint-Martin!

SCÈNE IV.

BARBILLON, GUILLAUME.

GUILLAUME. Comment!... c'est encore toi?... tu es donc dans l'eau, méchant poisson?

BARBILLON. Que non!... j'ai sauté sur un train qui est amarré le long du bateau, et à l'aide d'un pas de Zéphyr j'ai pu coller mon œil contre la fenêtre. Le cordon, s'il vous plaît?

GUILLAUME. Le cordon?... Est-ce que tu te flattes d'entrer ici, toi?

BARBILLON. Dam... faut bien! l' satané train a marché... j' peux plus atteindre le bord. (*Criant d'un air effrayé.*) La main, vite, ou j' glisse sous l' bateau.

GUILLAUME, *courant à lui*. Que le diable soit du moutard! va!

Il l'aide à escalader.

BARBILLON. Merci, père Guillaume; c'est qu'une fois sous l' bateau, le plus fort nageur aurait ben vite tourné d' l'œil! — C'est égal.. maintenant que m'y v'là, j'aurais ben pu m'en retourner comme j'étais venu.

GUILLAUME. Tu m'as donc fait aller?

BARBILLON. Rien qu'un peu... vous fâchez pas!... c'était une manie que j'avais d'puis longtemps d'entrer ici.

GUILLAUME. Oui, mais si monsieur Laroche t'attrape... tu n' risques rien!...

BARBILLON. Le père Sournois?... je l'ai vu filer du côté d' la Bastille.

GUILLAUME. Eh ben, file à son tour et vivement!

BARBILLON. Minute donc!... j'ai des choses à vous dire qu'il faut que vous sachiez pour vous garer des pierres!

GUILLAUME. Quoi donc?

BARBILLON. Maginez-vous que c' moderne de M. Martial a été faire sa déposition contre vous chez l' commissaire.

GUILLAUME. Gredin!

BARBILLON. En sorte que vous v'là noté!... Vous v'là noté, mon bon homme.

GUILLAUME. Eh ben, après?...

BARBILLON. Après? les magistrats ont le défaut de n' pas aimer le tapage. — Prenez garde de pas faire du chagrin à ceux qui ont de l'attachement pour vous... à mamselle Clarisse, à M. Armand... et même au p'tit Barbillon! car j' vous aime bien aussi, moi, allez!

GUILLAUME. Merci, garçon, merci de l'avertissement. Tu es un brave enfant du faubourg, et si tu pouvais seulement quitter ton état...

BARBILLON. J' peux pas, père Guillaume; je suis flâneur... loupeur... faut que j' voie jout, que j' me fourre partout... Exemple!... t'avais jamais pénétré dans la cabine à M. Laroche... Eh ben, je m'en périssais d'envie.

Il regarde de tous côtés.

GUILLAUME. Que' qu' y a donc d' si curieux?

BARBILLON, *à voix basse.* Ah! dam... c'est qu'on en dit long sur son bachot... et j' voulais savoir s'il était fait comme les autres.

GUILLAUME. Quoi?... qu'est c' qu'on dit?

BARBILLON. C'est des vieux du canal qui m'ont conté qu' dans les temps le père Laroche avait gagné tout d'un coup des mille et des cents!... et qu'on le soupçonnait d'avoir fait une queue de longueur aux gabelous.

GUILLAUME. Comment!... la contrebande!

BARBILLON. Oui, mon vieux, du temps qu'il naviguait de la Flandre à Paris.

GUILLAUME. Allons donc!... ça s'rait connu.

BARBILLON. Vous concevez qu'il ne l'a pas fait mettre dans les journaux.

GUILLAUME. C'est des bêtises!... des menteries!

BARBILLON. V'là justement c' que j' m'ai dit. Mais pourquoi qu'on soutient qu'on lui voyait embarquer des barils, des marchandises en secret, et qu'une fois qu'on v'nait pour les pincer... st!... envolés!...

GUILLAUME. Des jalouseries, pas autre chose!... Et t'es t'assez simple pour donner dans ces godans-là!

BARBILLON. Moi?... jamais!

GUILLAUME. Eh ben... prends garde à c' que tu diras, petit!... faut souvent qu'un mot, et v'là un honnête homme qui passe pour un coquin!

BARBILLON. Incapable, père Guillaume; oh! Dieu! (*À part.*) C'est égal, j'ai dans l'idée qu'il doit y avoir par ici des bonnes cachettes.

GUILLAUME. Silence!... j'entends marcher par là... c'est le patron qui sera rentré par l'avant pour faire sa ronde dans le bateau.

BARBILLON, *allant à la fenêtre.* Si c'est lui, je sors sans contremarque.

GUILLAUME, *à la porte.* Non! c'est mamselle Clarisse.

BARBILLON. Ah! j'aime mieux ça.

GUILLAUME. Entrez, mamzelle, entrez, il n'y est pas.

SCÈNE V.

LES MÊMES, CLARISSE, ARMAND*.

CLARISSE. Comment! mon père est sorti?

GUILLAUME. Il ne va pas tarder.

CLARISSE. Nous ne voulions pas entrer chez lui sans savoir s'il était seul, et je pensais vous trouver dans le bateau, Guillaume.

GUILLAUME. En sortant, M. Laroche m'a dit de l'attendre ici.

CLARISSE. Eh bien, nous l'attendrons également, car il ne faut pas que la nuit se passe sans qu'il connaisse la vérité.

BARBILLON. J' voudrais pas être à leur place, j'ai l' taf... rien qu' d'y penser. Je vas faire le guet?

Il va sur l'escalier.

GUILLAUME. J'ai pas besoin d' vous dire, mamselle, de n' pas vous effrayer du premier mouvement.

CLARISSE. Soyez tranquille, Guillaume, j'aurai du sang-froid, du courage!

ARMAND. Ah! mademoiselle quelle tâche vous vous êtes imposée!... Et pour moi qui suis seul coupable! de grâce, ne persistez pas dans votre projet. — Laissez-moi m'exposer seul à la colère de M. Laroche.

GUILLAUME, *vivement.* Non... non... vous gâteriez tout; elle seule a la chance de l'apprivoiser un peu.

CLARISSE. Mon père est juste; il ne vous rendra pas responsable d'un vol que vous ne pouviez prévoir... et en supposant même que votre absence en ait été la cause... je suis sûre qu'il vous excusera, et moi je serai doublement heureuse de ce pardon si j'ai pu contribuer à l'obtenir.

BARBILLON, *sur l'escalier.* V'là le bourgeois. Je l'entends sur le bateau; il parle avec mame Gervais.

GUILLAUME. J'suis pourtant pas capon: eh ben... j'ai peur!

* Barbillon, Guillaume, Clarisse, Armand.

**

BARBILLON. Adieu, mamselle... bonne chance!.. je m'esbigne, crainte des éclabous-sures! Vous dérangez pas... (*Escaladant la fenêtre.*) J'connais l'escalier!

Il disparaît.

SCÈNE VI.

LES MÊMES, LAROCHE, Mme GERVAIS *.

LAROCHE, *en dehors et avec colère.* Pourquoi ne sont-ils pas à la maison? pourquoi venir dans le bateau? (*Il entre et descend rapidement l'escalier.*) Ah!... vous voilà!... je vous trouve enfin!...Que venez-vous faire ici?... m'apprendre tout ce que je sais... ce que vous auriez dû me dire!... Vous tremblez tous! et vous avez raison! vingt mille francs! des titres, des papiers de famille... des papiers de la plus haute importance soustraits dans ma maison, dans ma caisse!... à côté de vous quatre! — Misérables que vous êtes!

CLARISSE, *bas à Mme Gervais.* Mais qui donc a pu l'instruire?...

Mme GERVAIS, *de même.* Il vient de chez son banquier, qui lui a tout dit.

LAROCHE, *à Armand.* A nous deux, monsieur!

CLARISSE. Mon père, avant tout je dois vous dire...

LAROCHE. Silence!... ce n'est pas à vous que je parle.

CLARISSE. Mais, mon père...

LAROCHE. Silence, vous dis-je!

GUILLAUME, *bas à Clarisse.* Ne l'irritez pas... Attendez.

LAROCHE. Vous n'étiez pas à la maison quand le vol a été commis.

ARMAND, *hésitant.* Monsieur... je...

LAROCHE. Ne mentez pas!.. je sais que vous avez passé la nuit dehors; Mme Gervais vous a vu rentrer à six heures du matin.

GUILLAUME, *à part.* Maudite langue de femme!

ARMAND. J'avais cru pouvoir m'absenter... une affaire de la plus haute importance pour moi...

LAROCHE. On n'a pas d'affaires... quand on représente un chef absent... quand on a sa confiance, sa procuration... On ne sort pas la veille d'un payement aussi considérable!

ARMAND. En effet, monsieur, j'ai eu le plus grand tort, je l'avoue... mais...

LAROCHE. Vous deviez veiller nuit et jour, me protéger, me défendre contre l'audace de ces malfaiteurs. C'était votre devoir, un devoir sacré, vous y avez manqué... et je devrais!... (*Clarisse se place vivement entre Laroche et Armand**.) Tenez, ne m'exaspérez pas davantage par votre présence!.. sortez! sortez d'ici et n'y rentrez jamais!... Je vous chasse!

Armand va pour remonter, Clarisse le retient.

GUILLAUME, *vivement.* Oh!... monsieur Laroche!

LAROCHE. Tais-toi!

CLARISSE. Mon père, vous m'avez dit souvent que vous me destiniez une riche dot; eh bien, je ne me marierai jamais... Je serai heureuse de passer ma vie près de vous à travailler... à vous rendre l'existence moins pénible... Gardez tout cet argent, gardez-le... en retour, je ne vous demande qu'un peu d'indulgence!

ARMAND. Assez, mademoiselle, assez!

LAROCHE. Je le chasse, vous dis-je; et au lieu de prier pour lui, vous feriez mieux de prier pour vous!... Allons, sortez!

CLARISSE. Mon père, je vous en conjure!

LAROCHE, *la repoussant.* Je ne veux rien entendre ni de vous ni de personne!.... Laissez-moi!

Armand et Mme Gervais sortent les premiers. Clarisse les suit en pleurant; sur l'escalier elle se retourne.

CLARISSE. Mon père!

LAROCHE. Mais sortez donc!

GUILLAUME, *à part.* Pauvre enfant!... comme il la tarabuste!

Clarisse sort, Laroche s'assied, le coude appuyé sur la table et en proie à la plus violente colère. Guillaume est resté au fond.

SCÈNE VII.

GUILLAUME, LAROCHE.

LAROCHE, *à lui-même.* Ce vol de mes papiers... ce nom de Bénard... cette entrevue mystérieuse que l'on m'a demandée!... oh! il y a dans tout ceci un secret fatal.

GUILLAUME, *à part, et très-agité.* Non... non... j' peux plus y tenir... faut que ça change... ou ben alors...

LAROCHE, *se retournant.* Qu'est-ce que tu fais là, toi? Va-t'en!

GUILLAUME, *s'avançant, et froidement.* J'ai à vous parler, monsieur Laroche.

LAROCHE. Je n'ai pas le temps... Demain!

GUILLAUME. Tout de suite!

LAROCHE, *se levant.* Mais tu ne vois donc pas que je suis furieux?... tu n'as donc pas peur de m'irriter encore?

GUILLAUME. J'suis pas une vieille femme ou une jeune fille pour trembler d'vant vous.

LAROCHE, *s'avançant sur lui.* Hein?... qu'est-ce que c'est? (*Guillaume le regarde avec calme, et Laroche reprend avec plus de douceur.*) Voyons, parle... qu'est-ce que tu as à me dire?

* Mme Gervais, Clarisse, Guillaume, Laroche, Armand.

** Laroche, Guillaume, Clarisse, Armand, Mme Gervais.

GUILLAUME, *avec force.* Que vous ne tenez pas vos promesses, monsieur Laroche, et que j'viens vous les rappeler...

LAROCHE. Comment! tu oserais?

GUILLAUME, *l'interrompant.* Il y a vingt ans, je venais d'être condamné et j'allais être transféré à Melun... Vous me fites demander au greffe... vous teniez par la main une belle petite fille de deux ans... la mienne!... Une pauvre créature qui allait être abandonnée à la charité publique. « Tu ne me connais pas, m'avez-vous dit, j'arrive d'Amérique, j'ai perdu dans la traversée une fille de l'âge de celle-ci.... Donne-la moi, je l'élèverai... elle portera mon nom... Soins, tendresse, bonheur, rien ne lui manquera... et plus tard, elle héritera de toute ma fortune!... Je n'y mets qu'une condition, c'est qu'elle ne saura jamais qu'elle est la fille de Guillaume le meurtrier! »

LAROCHE. Eh bien! oui, ce sont mes paroles... parbleu!... Je ne les ai pas oubliées!

GUILLAUME. J'avais le cœur brisé... la tête perdue... Une tache éternelle pesait sur ma vie... et pour en épargner la honte à ma fille, je consentis à tout ce que vous exigiez; et au moment où l'on m'entraînait pour partir avec mes compagnons d'infortune, vous, monsieur Laroche, vous emportiez dans vos bras mon enfant, mon seul bien sur la terre.

Il pleure.

LAROCHE. Mais il me semble que ce que j'avais promis, je l'ai fait!... Clarisse, n'a-t-elle pas reçu une bonne éducation?

GUILLAUME. C'est vrai!

LAROCHE. Son avenir n'est-il pas assuré?

GUILLAUME, *ému.* Oh!... oui... oui... de c'côté-là, j'ai pas à me plaindre... au contraire... vous, vous êtes conduit dignement...

LAROCHE. Tandis que toi, qu'as-tu fait à ta sortie de prison? Au lieu de t'expatrier comme tu l'avais promis, juré... on te voyait rôder sans cesse autour de la maison... Tu venais pleurer pour que je te prenne dans mon chantier!

GUILLAUME. C'était plus fort que moi; mon sang, ma vie étaient ici.

LAROCHE. J'aurais été dans mon droit en te refusant... Eh bien, je t'ai donné une place chez moi, près d'elle!

GUILLAUME. Oui, oui... c'est encore vrai; et je ne l'oublie pas... et j' vous regarde comme mon bienfaiteur... Mais aussi, j' crois pas que vous ayez à vous plaindre de moi... J'travaille tant que j'peux dans vos intérêts... et jamais rien d'vant elle et qui puisse laisser croire... Oh! ça, jamais!...

LAROCHE. Eh bien, alors, qu'est-ce qui te manque?... qu'est-ce que tu réclames?

GUILLAUME. Rien... rien pour moi... c'est pour elle... Faudrait pas vous fâcher... si je vous dis ça... mais enfin...

LAROCHE, *impatienté.* Enfin?...

GUILLAUME. Je trouve que vous êtes bien sévère avec elle... Vous la brusquez!

LAROCHE. Oh! pas plus elle que d'autres.

GUILLAUME. Ah ben.... les autres... les autres... tant pire pour eux... mais elle!... elle!... jamais un petit mot d'amitié... jamais un baiser!... Dam... ça lui manque, à c't'enfant... ça lui manque...

LAROCHE. C'est possible... chacun son caractère.

GUILLAUME. Tenez, tout à l'heure... elle vous suppliait bien gentiment pour M. Armand*...

LAROCHE. Oh! quant à lui!...

GUILLAUME. Dam! lui... vous le chassez, c'est dur, c'est injuste...

LAROCHE. Guillaume!...

GUILLAUME. C'est vot' idée... bien!... mais elle... fallait l'écouter.

LAROCHE. J'avais mes raisons pour ne pas le faire... Madame Gervais m'a dit que cet Armand avait l'audace d'aimer Clarisse.

GUILLAUME, *à part.* Ah! la satanée vieillarde!... (*Haut.*) Eh ben!... quand ça s'rait!...

LAROCHE. Comment!... un drôle qui n'a rien et qui me laisse voler!...

GUILLAUME. Oh! si ce n'est que ça!...

LAROCHE. Assez, Guillaume, assez!...

GUILLAUME. Oui, monsieur Laroche... plus qu'un mot; j' crois que la petite a aussi un faible pour le jeune homme.

LAROCHE. Elle! Clarisse!... c'est impossible... ça n'est pas!

GUILLAUME. J'crois qu'si... j'crois qu'si...

LAROCHE. Eh bien tant pis pour elle... car elle ne l'épousera jamais!...

GUILLAUME. Oh!... vous dites ça, mais je suis sûr...

LAROCHE. De quoi te mêles-tu, toi?... tu n'as rien à dire... tu n'es rien ici!...

GUILLAUME. Comment!... même quand il s'agit du bonheur de ma f...

LAROCHE. Elle n'est plus ta fille.

GUILLAUME, *se fâchant.* Cependant monsieur Laroche...

LAROCHE. Pas un mot de plus, ou sinon... (*Il regarde au petit cartel.*) Dix heures... et l'autre qui va venir... et ce Guillaume qui est encore là!... (*Haut, d'un ton moins brusque.*) Allons, voyons, va-t'en... J'ai des comptes à mettre en ordre... laisse-moi**... Quant à ton... monsieur Armand... eh bien... nous en reparlerons... je verrai!...

GUILLAUME, *à part.* Bon, le v'là qui s' radoucit!... Maintenant, si la petite pouvait le

* Guillaume, Laroche.

** Laroche, Guillaume.

voir tout irait bien !... (*Haut.*) A demain, monsieur Laroche.

LAROCHE. Adieu !... adieu ! (*Guillaume sort.*) Enfin !... j'avais peur que l'autre n'arrivât !

MARTIAL, *passant sa tête à la porte de droite.* Je suis là !

SCÈNE VIII.

LAROCHE, MARTIAL.

LAROCHE. C'est lui !

MARTIAL, *s'approchant et à voix basse.* J'avais entendu jaser... et je m'étais caché par là... en attendant... Personne ne m'a vu entrer.

Il remonte doucement l'escalier pour regarder sur le bateau.

LAROCHE, *à part.* Pourquoi tout ce mystère ?... heureusement je suis sur mes gardes !

MARTIAL, *il regarde par la porte par où est sorti Guillaume.* Il passe sur la planche... le voilà sur le quai... dans le chantier... c'est bien.

Il redescend.

LAROCHE. Vous êtes seul ?

MARTIAL. Seul; d'ailleurs vous pouvez visiter le bateau.

LAROCHE. Oh ! je ne crains rien* !

Il prend la lanterne et regarde par la porte de gauche, par où est entré Martial.

MARTIAL. En attendant il s'assure du fait ! (*Laroche ferme la porte et met un verrou.*) Ah ! cette fenêtre... du quai on pourrait nous voir ensemble, et il est essentiel que notre entrevue soit ignorée de tout le monde.

LAROCHE. Fermez la fenêtre !

MARTIAL. Personne ni de près ni de loin...

Il ferme la fenêtre.

LAROCHE, *à part.* J'ai beau rappeler mes souvenirs, cette figure, cette voix me sont inconnues !

MARTIAL, *revenant vers Laroche et avec familiarité.* Bonjour, Pierre Bénard.

LAROCHE. Monsieur... je me nomme Laroche, pas autrement; ce nom de Pierre Bénard n'a jamais été le mien !

MARTIAL, *le regardant attentivement.* Si je me trompe en vous le donnant, je vous ferai mes excuses et tout sera dit entre nous. Mais je ne me trompe pas, Pierre Bénard !

LAROCHE, *avec colère.* Monsieur, si vous prononcez encore ce nom, je vous mets à la porte de chez moi !

MARTIAL. Quatre mots vous en ôteront l'envie.

*Martial, Laroche.

LAROCHE. Voyons donc ces mots magiques; mais que ce soient les derniers.

MARTIAL. Le brick *le Rôdeur ?*

LAROCHE, *à part.* Il me connaît !

MARTIAL. Eh bien ?...

LAROCHE, *un peu déconcerté.* Eh bien ! que savez-vous du brick *le Rôdeur !*

MARTIAL. J'ai entendu dire que c'était un joli bâtiment, fin voilier... fréquentant il y a une vingtaine d'années les côtes d'Afrique, d'où il ramenait secrètement dans les îles une sorte de marchandise très-prohibée... c'était autrement dit un négrier. Est-ce vrai ?

LAROCHE. Il peut y avoir plusieurs bâtiments qui portent le même nom... et si vous ne savez pas autre chose...

MARTIAL. Oh ! je sais encore qu'au mois de juin 1827, *le Rôdeur*, alors en rade à la Guadeloupe, fut loué à son capitaine Pierre Bénard par un colon, monsieur Laroche, lequel venait en France, avec sa fille, enfant de deux ans à peu près, pour recueillir un riche héritage. Est-ce vrai ? hein* ?

LAROCHE, *passant et le regardant fixement.* Monsieur, il y a une heure j'ai appris chez mon banquier qu'un vol avait été commis dans ma maison, qui me privait de mes papiers de famille, de plus d'une somme de vingt mille francs. J'ai écrit aussitôt au procureur du roi pour le prier d'ordonner d'actives recherches pour découvrir le voleur... c'est inutile ! le voleur, c'est vous !

MARTIAL. Je ne vois pas grand inconvénient à l'avouer.

LAROCHE. Vous avez lu tout ce que vous venez de me dire dans mes papiers.

MARTIAL. C'est vrai.

LAROCHE. Mais s'il y est parlé de Laroche et de Pierre Bénard, rien ne dit que ces deux noms doivent s'appliquer à la même personne.

MARTIAL. Oh ! j'en sais plus long que les papiers n'en disent. Je sais tout ce qui se passa pendant la traversée du *Rôdeur*.

LAROCHE. C'est impossible !... personne ne peut le savoir !

MARTIAL. Si je vous prouvais le contraire ? si je vous disais qu'après vingt jours de marche le temps devint épouvantable, et qu'un matin au point du jour la position du bâtiment fut considérée comme perdue, car on courait en plein sur le banc de Terre-Neuve !

LAROCHE, *avec inquiétude.* Après, voyons, après ?...

MARTIAL. Ah ! il paraît que je suis bien instruit et que la curiosité vous gagne... (*Laroche témoigne son impatience, Martial continue.*) Tout à coup on signale une barque à la mer à quelques brasses du navire... on regarde... elle était montée par le

* Laroche, Martial.

colon, sa fille et le capitaine Bénard. Tous trois avaient quitté le bord avant le jour; tous trois, au risque d'être engloutis, fuyaient vers une pointe de terre que l'on voyait à peu de distance. Au même instant, *le Rôdeur* se fendait sur un rocher et disparaissait dans la mer avec tout son équipage. — Un seul homme, un mousse, presque un enfant, eut le bonheur de saisir un débris de planche, et, poussé par une mer affreuse, il toucha le rivage en même temps que la barque du capitaine et à cent pas d'elle! Là... un spectacle horrible s'offrit à ses yeux... la petite fille s'était noyée... le colon tombait mort frappé de deux coups de poignard; et les flots servaient de tombeau aux deux victimes!... Le colon... c'était Laroche!... son assassin c'était toi, Pierre Bénard!...

LAROCHE. Plus bas, malheureux, plus bas!

MARTIAL. Et le témoin de la scène, tremblant de froid, mourant de peur, blotti derrière un rocher...

LAROCHE C'était toi!... le petit Gaspard!

MARTIAL. Aujourd'hui le beau Martial!... Tu baisses, mon vieux; la mémoire est longue à te revenir!

LAROCHE. Ainsi donc... tu es parvenu à te sauver?

MARTIAL. Est-ce que ça te gêne?

LAROCHE. Et tu es revenu en France?

MARTIAL. Moi, je te croyais retourné aux Iles!

LAROCHE. Et tu viens me rappeler tout cela sans crainte dans mon bateau.

MARTIAL. Sans crainte, oui; mais sans précaution, non... Regarde.

Il montre deux pistolets.

LAROCHE. Ah! c'est différent! voilà de la prudence. Tu veux de l'argent, n'est-ce pas?

MARTIAL. Dam... oui.

LAROCHE. Beaucoup?

MARTIAL. Pas mal.

LAROCHE. Les vingt mille francs t'ont mis en appétit. Et mes papiers?

MARTIAL. Oh! je n'y tiens pas... les voilà! (*Il les cherche dans sa poche et les rend.*) Il me serait si facile de raconter tout ce que je sais!

LAROCHE. Alors, il ne reste plus qu'à nous entendre sur la somme que tu demandes?... Eh bien, soit!... assieds-toi là, Gaspard.

MARTIAL. Pardon,... Martial, s'il vous plaît, monsieur Laroche.

LAROCHE. Ah! oui... j'oubliais!... Chacun de nous a besoin de l'autre, monsieur Martial! Nous avons tout à perdre en nous fâchant, soyons amis!

Il lui donne une poignée de main.

MARTIAL. Ça va!

LAROCHE. Et pour sceller nos conventions, trinquons.

MARTIAL. Volontiers.

LAROCHE, *prenant une bouteille et deux verres dans une armoire.* Du vieux rhum!... (*Il verse.*) Tu m'en diras des nouvelles!

Il présente un verre à Martial; ils trinquent.

MARTIAL, *avant de boire.* Après toi!

LAROCHE, *souriant.* Ah! oui... tu as peur! C'est juste!

Il boit.

MARTIAL. A la bonne heure! (*Il boit aussi, puis il rend son verre à Laroche.*) Maintenant, parlons affaires!

LAROCHE. Chut!

MARTIAL. Quoi donc?

LAROCHE, *allant à la fenêtre.* On marche sur le quai.

MARTIAL. Qu'importe!

LAROCHE. C'est pour toi!

CRIS EN DEHORS. Qui vive! Patrouille!... Avancez au mot de ralliement!

MARTIAL. Ce sont deux patrouilles qui se rencontrent.

LAROCHE. Les voilà qui s'éloignent!

MARTIAL. C'est bon!... Avant qu'il en passe d'autres, j'aurai quitté ton bateau.

LAROCHE, *s'assied à la table.* Maintenant, assieds-toi là et dis-moi ton chiffre.

MARTIAL. Oh! nous verrons... Je te dirai ça au juste... quand je saurai ce que tu possèdes...

LAROCHE. Mais enfin... tu as une idée... un chiffre?...

MARTIAL. Tu es pressé de le connaître... et de te débarrasser de moi, n'est-ce pas?

LAROCHE. Franchement, oui!... Cela sera prudent pour tous deux.

MARTIAL. Oh! sois tranquille, ton secret ne sera jamais trahi par moi.

LAROCHE. J'en suis convaincu!

MARTIAL. Ainsi donc, tu ne lésineras pas?

LAROCHE. Je ne recule devant rien quand il s'agit de ma sûreté personnelle!... Voyons, Martial, viens donc t'asseoir là, et expliquons-nous... un peu plus, un peu moins... demande... L'instant est venu d'en finir avec cette affaire.

MARTIAL, *s'assied.* Tu as raison, finissons: mais avant, un dernier coup à ta santé.

LAROCHE, *lui versant.* Non, pas... Je veux que le dernier soit à la tienne.

MARTIAL. Soit!... tu es trop bon!... (*Ils trinquent et boivent. Laroche va s'asseoir à l'extrême droite. Martial se rapprochant de lui pour s'asseoir.*) Maintenant, je suis tout à toi!

LAROCHE. Enfin!

Il a touché vivement un ressort caché dans l'un des pieds de la table. Le plancher manque sous les pieds de Martial, et il disparaît sous le bateau en poussant un cri. A ce cri en répond un autre! c'est Clarisse, qui a paru sur l'escalier au moment où Laroche touchait le ressort. Elle a vu le crime; elle cherche à se tenir à la rampe; mais elle tombe évanouie au pied de l'escalier.

SCÈNE IX.

LAROCHE, CLARISSE.

LAROCHE, *se retournant et courant à elle.* Clarisse!.... oh! malheur!.... elle a tout vu!.. Quant à lui.. je ne le crains plus.. il est dans le canal, sous le bateau!... c'est la mort!.. Mais elle! elle!... si elle allait parler!... Faut-il donc la tuer aussi?...

CLARISSE *, *revenant à elle.* Mon père!... mon père!... (*Elle voit Laroche, elle se relève et recule avec effroi.*) Ah! laissez-moi. Grâce!... grâce!...

LAROCHE. Tais-toi, malheureuse!... Tais-toi!... J'entends du bruit, des pas sur le bateau!... Veux-tu perdre ton père?

CLARISSE. Mon père! ah!...

LAROCHE, *la menaçant.* Tais-toi, te dis-je, ou sinon?...

Guillaume paraît sur l'escalier.

SCÈNE X.

LES MÊMES, GUILLAUME **.

LAROCHE, *vivement, mais en affectant le calme.* Que viens-tu faire ici, Guillaume? qui t'amène?

GUILLAUME, *inquiet.* C'est que... je savais qu'mamselle était venue vous trouver... j'voulais pas lui laisser traverser le quai toute seule... (*Bas.*) Et puis j'avais cru entendre... comme un cri...

LAROCHE. Oui... en descendant... Clarisse s'est heurtée.

GUILLAUME. Vraiment?

LAROCHE. Mais ce n'est rien, et je sais le moyen de la guérir!... C'est de faire tout ce qu'elle voudra... de céder à tous ses désirs....

GUILLAUME. Comment! il se pourrait?... Vous consentiriez?...

LAROCHE, *le reconduisant, et bas.* Allons, va, mon bon Guillaume!... Tout à l'heure, je la reconduirai moi-même à la maison, et désormais tu ne me reprocheras plus de manquer de douceur, de tendresse avec elle!

GUILLAUME, *avec émotion.* Oh! je vous bénirai, monsieur Laroche... je vous bénirai!...

LAROCHE. Bonsoir, Guillaume!

GUILLAUME, *sur l'escalier.* Bonsoir, monsieur Laroche!

Le rideau baisse.

* Clarisse, Laroche.

** Clarisse, Laroche, Guillaume.

ACTE QUATRIÈME.

Premier Tableau.

L'Ile-d'Amour. — Le théâtre représente le jardin de l'Ile-d'Amour, à Belleville.

SCÈNE PREMIÈRE.

MATHIEU, AGATHE, LOUISON, BOULOTTE, COTTERET, OUVRIERS, OUVRIÈRES, *endimanchés.*

Au lever du rideau Mathieu et quelques-uns des personnages sont attablés, boivent, jouent aux cartes; d'autres jouent au tonneau; d'autres se promènent. Une escarpolette est placée un peu au fond, et Cotteret, aidé d'un autre garçon, balancent Boulotte.

AGATHE. Dieu! que c'est gentil l'Ile-d'Amour!

MATHIEU. Pas vrai, ma nièce, que le patron fait crânement les choses quand il s'y met?

AGATHE. Oui, ça me raccommode un peu avec sa figure de mauvaise humeur.

MATHIEU. Nous avons joliment bien fait d'arriver avant lui et les autorités... les gros bonnets.

AGATHE. Quand ils seront ici, on n'osera peut-être plus s'amuser autant, c'est vrai.

BOULOTTE, *criant.* Assez, assez... je vas tomber!

On l'aide à descendre.

AGATHE. Ah! v'là Boulotte qui crie... elle a toujours peur, celle-là!

BOULOTTE, *venant en scène.* Monsieur Cotteret, vous ne me balancerez plus... vous allez trop fort *!

COTTERET. C'est c' qui en fait le charme!

BOULOTTE. Oui, mais j'ai manqué montrer mes mollets, et ça pourrait me faire du tort pour m'établir.

COTTERET. Oh! au contraire, mamselle, au contraire.

BOULOTTE. Taisez-vous donc, imbécile!

COTTERET. Pour lors, je propose une partie de quilles!

AGATHE. Monsieur Cotteret, vos jambes en seront-elles **?

COTTERET, *vexé.* Oh! que c'est petit! que c'est mince!

MATHIEU. Ah ça! mais... et Guillaume et Galou, où donc qu'ils sont?

* Mathieu, Agathe, Boulotte, Cotteret.

** Mathieu, Agathe, Cotteret, Boulotte.

AGATHE. Guillaume arrivera avec monsieur et mademoiselle Laroche.

BOULOTTE. Tant qu'à Galou, c'est pas *un veuve* comme vous, père Mathieu, sa femme le tient peut-être *en chatte privée.*

SCÈNE II.

LES MÊMES, GALOU, BAHU*.

Ils sont tous les deux endimanchés de la façon la plus grotesque; Galou porte une guitarre en sautoir.

GALOU *et* BAHU, *entrant.* Garçon!... garçon!...

GALOU. Ah ça! il y a donc éclipse de garçon!... Messieurs, mesdames et mesdemoiselles, plus ou moins, nous avons celui de vous très-humbler, moi z'et mon fils! Salue donc, môme! faut être poli et distingué ici! genre Chaussée-d'Antin! (*Criant.*) Garçon!

BAHU, *criant aussi de toutes ses forces.* Garçon!...

GALOU, *apercevant le Garçon.* Ah! pardon, jeune homme.... Un verre de mêlé, sans vous commander.

BAHU. Rien qu'un verre! Et moi, pa!

GALOU. Toi, on te servira un verre de vin de canard.

Bahu grogne.

BAHU. Du canard! *Connu, connu.*

MATHIEU. Pourquoi qu' t'es pas venu plus tôt, monsieur de la flânerie?

GALOU. C'est c' petit gueux-là qu'en est cause. Il n'en finissait pas d' faire sa raie.

BAHU, *passant à Boulotte.* Tiens! y a des dames!

GALOU. Mouche-toi, galopin! et proprement!

BAHU. Oui, pa.

Il se mouche avec sa manche.

GALOU. Sa mère l'élève joliment bien, allez!

MATHIEU, *montrant la guitare.* Tiens! ta ta apporté ta guimbarde?

GALOU. Bédam... si on veut s' régaler d'une petite *serinade* au dessert... je f'rai l'accompagnement. (*Il donne un accord.*) La malheureuse est rouillée, j' vas la graisser**.

Il boit son petit verre.

BOULOTTE. Oh! voui, faudra chanter... j' suis folle de la musique!... même qu'il y a un piston du petit Lazari qui voulait me montrer la clarinette.

AGATHE. Ah ben, moi, j'aime mieux la danse.. la polka... la mazourque.

BAHU. Oh! voui, la mazour*cha*... connu!

* Mathieu, Galou, Bahu, Agathe, Boulotte, Cotteret.

** Mathieu, Bahu, Laroche, Galou, Boulotte, Agathe, Cotteret.

MATHIEU. Mes enfants, voilà le patron.

GALOU. Monsieur Laroche!... Eh ben, il est gentil, c't' homme... il régale... il y va d' son beurre... j' propose de l' bien recevoir.

MATHIEU. Tiens, ça va sans dire.

Les ouvriers se lèvent, quittent leurs jeux, ôtent leurs chapeaux. Bahu monte sur une table.

SCÈNE III.

LES MÊMES, LAROCHE.

TOUS. Vive monsieur Laroche!

BAHU, *après les autres.* Vive monsieur Laroche et sa famille!

LAROCHE, *brusquement.* Eh ben! s'amuse-t-on ici? s'en donne-t-on bien pour mon argent?

GALOU, *poussant Mathieu.* Réponds-y, réponds-y.

LAROCHE. Hein? on se tait, quand je parle! Est-ce que vous êtes sourds et muets?

MATHIEU, *poussé par Galou.* Non, bourgeois, non... au contraire.

LAROCHE. Puisque j'ai tant fait que de donner cette fête, je veux que l'on se divertisse, que l'on s'amuse... Le premier qui ne s'amuse pas je le mets à la porte!

GALOU. Soyez paisible, bourgeois; on rira, on chiffonnera ses collerettes, on déchirera ses chapeaux, ça sera gai comme tout.

LAROCHE. A la bonne heure!

MATHIEU. Est-ce que mamzelle Clarisse ne sera pas des nôtres?

LAROCHE. Ma fille? elle a été souffrante, mais ça ne sera rien, et j'espère qu'elle pourra venir.

LES OUVRIERS. Ah! tant mieux!

LAROCHE. Mais Guillaume! où est-il? je ne le vois pas... est-ce qu'il ne serait pas encore arrivé?

MATHIEU. Dam, nous ne l'avons pas vu!

LAROCHE. Ces gens-là n'en finissent pas, quand on les charge d'une commission! Dès qu'il arrivera je veux lui parler... Dites-lui que je l'attends, que je m'impatiente!

TOUS. Oui, bourgeois.

LAROCHE. Allez!

GALOU, *à Mathieu.* Allez... où?

LAROCHE. Mais allez donc!... Est-ce que vous voulez rester là à me regarder comme une merveille? Continuez vos jeux, promenez-vous!

GALOU. Ah! oui, oui, il nous envoie... à l'ours! compris! (*Haut.*) Mesdemoiselles, je régale d'une promenade sur la pièce d'eau. Y a pas de risque, les canards ont pied.

TOUS. Oui... bravo! ça y est!

GALOU. Pour lors, mes petites colombes, offrez vos ailes aux tourtereaux.

BAHU. Pa, j'en veux aussi une de colombe!

Il veut prendre le bras d'une femme; il va de l'une à l'autre, mais elles le repoussent en riant et en l'appelant gamin. Alors il sort le dernier en faisant la roue.

SCÈNE IV.

LAROCHE, *seul. Pendant la sortie des Ouvriers il est venu s'asseoir à droite.*

Clarisse viendra-t-elle? Depuis hier il m'a été impossible de lui parler... elle n'a pas cessé de se trouver mal, de pleurer, d'avoir des attaques de nerfs! Et puis madame Gervais qui ne la quittait pas... Ce maudit Guillaume qui ne la perd pas des yeux un seul instant... Oh! il faudra qu'il parte! je ne serai pas tranquille jusque-là. Cet homme est violent, un mot pourrait un jour lui échapper, et une fois Clarisse instruite du secret de sa naissance, le lien qui l'attache à moi serait rompu. Oui, oui, je me débarrasserai de Guillaume!... Mais songeons d'abord au plus pressé... songeons à Clarisse. Il faut que je la force à maîtriser ce trouble, cette émotion dont aucun étranger n'a pu s'apercevoir encore, heureusement! mais qui pourraient donner l'éveil et me perdre! Il faut enfin que je m'assure de son silence en légitimant à ses yeux ce qu'elle regarde comme un crime, en faisant valoir ce titre de père qui fait seul ma sauvegarde! (*Se levant avec agitation.*) Mais pour cela j'ai besoin de voir Guillaume... de savoir s'il a pu exécuter mes ordres... Ah! voici Clarisse!

SCÈNE V.

CLARISSE, Mme GERVAIS, LAROCHE.

Clarisse est très-pâle et s'appuie sur le bras de Mme Gervais.

Mme GERVAIS. Allons, ma chère demoiselle, un peu de courage, le grand air achèvera de dissiper votre mal *.

CLARISSE, *apercevant Laroche.* Ah!

Elle quitte le bras de Mme Gervais et elle s'éloigne involontairement.

LAROCHE, *allant à elle.* Eh bien, Clarisse, il me semble que vous allez mieux?

Mme GERVAIS. Oh! oui, certainement, et j'ai bien engagé mademoiselle à venir se distraire ici.

LAROCHE. Laissez-nous.

Mme GERVAIS. D'abord quand on est jeune il n'y a rien de souverain comme une fête, le bruit, la danse, pour se guérir.

LAROCHE. Laissez-nous.

Mme GERVAIS. Ensuite monsieur désirait que mademoiselle vînt, et tout ce que monsieur désire...

LAROCHE, *s'emportant.* Ah! je désire que vous vous taisiez et que vous nous laissiez seuls!

Mme GERVAIS, *vexée.* Ah! c'est différent!

CLARISSE, *à part.* Seule avec lui! Oh! je tremble!

Mme GERVAIS. La fille pleure et ne me dit rien... le père me renvoie quand j'allais savoir quelque chose, et on appelle ça être dame de confiance!

LAROCHE. Eh bien, madame Gervais!

Mme GERVAIS. Voilà, monsieur, voilà. (*A part.*) Je suis sûre que c'est ce petit Armand qui est la cause de tout!

Elle s'éloigne par le fond.

SCÈNE VI.

CLARISSE, LAROCHE.

LAROCHE. Clarisse, depuis hier vous avez été hors d'état de m'entendre; je n'ai donc pas insisté, je vous ai laissée seule.

CLARISSE. Et je vous en remercie... J'avais besoin de me recueillir, de demander à Dieu force et courage... j'avais besoin de pleurer!

LAROCHE. Maintenant que vous êtes plus calme, une explication devient indispensable entre nous. Cette nuit...

CLARISSE. Oh! non, non, je vous en supplie, ne me reparlez jamais de ce que j'ai vu cette nuit.

LAROCHE, *lui saisissant la main.* Clarisse! vous oubliez que nous sommes entourés de gens qui peuvent s'étonner de votre pâleur, de votre agitation... Soyez donc maîtresse de vous!

CLARISSE. Ah! pourquoi m'avez-vous ordonné de venir à cette fête?

LAROCHE. La prudence le commandait! Il faut que l'on vous voie auprès de votre père, calme, heureuse, prenant part à la joie de nos amis.

CLARISSE. Heureuse!... oh! il n'y a plus de bonheur possible pour moi!... mais, du moins, je m'efforcerai de vous obéir, et, puisque votre sûreté l'exige, j'assisterai à cette fête, sans que personne puisse deviner sur mes traits la douleur qui me tue!

LAROCHE. C'est bien, Clarisse; mais ce n'est pas assez pour moi que vous gardiez un secret fatal: il me faut plus encore.

CLARISSE, *avec effroi.* Mon Dieu!... que voulez-vous donc?

LAROCHE. Je veux me justifier!

CLARISSE. Vous, monsieur!

LAROCHE. Dites votre père, Clarisse, car, je le sens, ce titre seul peut me protéger!

CLARISSE. Vous justifier!... (*Avec abandon.*) Eh bien! oui, oui, vous avez raison! Il

* Clarisse, Laroche, Mme Gervais.

est si cruel de savoir ce que je sais, et d'accuser son père... Cette pensée-là est horrible, voyez-vous! elle me rendrait folle.. Et peut-être qu'un jour, oui, malgré moi, la vérité sortirait de ma bouche!

LAROCHE. Malheureuse!

CLARISSE. Oh! ce serait affreux, je le sens bien!.. mais puis-je répondre de la fièvre, du délire... depuis cette nuit, je n'ai plus la tête à moi!

LAROCHE, *à part.* C'est là ce que je redoute et ce qu'il faut empêcher!

CLARISSE, *avec anxiété.* C'est moi maintenant qui vous en conjure... parlez... je vous écoute : il doit être si facile, quand on est innocent, de le prouver à sa fille!

LAROCHE, *à voix basse et rapidement, après avoir jeté un coup d'œil autour de lui.* Ecoute-moi donc!... Ce Martial que tu m'avais présenté toi-même hier matin, et que je n'avais pas reconnu d'abord, était mon ennemi le plus implacable!

CLARISSE. O ciel!

LAROCHE. Des événements antérieurs à ta naissance, et que je ne puis expliquer, l'attachaient à moi par des liens que je croyais rompus pour jamais. Il est venu me les rappeler insolemment, me menacer dans ma réputation, dans mon existence, compromettre la mémoire de ta mère!..

CLARISSE. Ma mère! ah! c'est la première fois que vous me parlez d'elle.

LAROCHE. Il est venu me disputer une fortune acquise au prix de mes sueurs et de mes veilles... une fortune destinée à te rendre heureuse...

CLARISSE. Oh! il fallait la perdre cent fois! plutôt que de...

LAROCHE. Commettre un crime!... j'achève ta pensée, n'est-ce pas?... Mais si, profitant de la solitude... de la nuit... cet homme s'était porté à des violences... si j'avais dû défendre à la fois nos richesses et ma vie?

CLARISSE. O mon Dieu!

LAROCHE. Que veux-tu, Clarisse, dans ces moments suprêmes, on ne réfléchit pas... Un moyen de vengeance et de salut se présente, on s'en empare!... et le crime est commis avant même que l'on ait pu en concevoir la pensée! Voilà ce qui s'est passé... Maintenant il suffit d'un mot... d'un soupçon, pour que l'échafaud se dresse devant moi!

CLARISSE, *se cachant la tête dans ses mains.* Horreur!

LAROCHE. Ce soupçon, Clarisse, vous seule pouvez le faire naître si vous manquez de force et de prudence.

CLARISSE. Oh! je me tairai, je vous le jure... Et la mort m'aura frappée avant que je prononce une parole qui accuse mon père!

LAROCHE. C'est bien, ma fille, je reçois ton serment! *

Il remonte un peu.

CLARISSE, *à part.* O mon Dieu! j'en appelle à votre miséricorde! puis-je ne pas croire mon père quand il se justifie? Pardonnez-lui, mon Dieu, pardonnez-lui son crime, s'il est vrai qu'il ne l'ait commis que pour se défendre et garder la mémoire de ma mère!

LAROCHE, *revenant à elle.* Allons, allons, plus de larmes, de tristesse... le souvenir de cette nuit fatale s'effacera, et tu pourras m'aimer encore!

CLARISSE. Que voulez-vous dire?

LAROCHE. Tu vas le savoir, car voici Guillaume.

CLARISSE. Monsieur Armand!

SCÈNE VII.

LES MÊMES, GUILLAUME, ARMAND. **

LAROCHE. Enfin te voilà!... tu as mis le temps à faire ma commission... tu t'es donc amusé en route?

GUILLAUME. Excusez, il y paraît... j'suis trempé comme une soupe!

LAROCHE. Alors, c'est monsieur qui s'est fait prier pour venir?

ARMAND. Non, monsieur; mais hier au soir, en sortant de votre maison, je m'étais retiré chez un ami, et ce matin j'avais déjà quitté cet asile lorsque Guillaume y est venu.

GUILLAUME. Même qu'il a fallu trotter pour rattraper l'oiseau... Et il était temps!... le jeune homme avait déjà une jambe sur le marche-pied de la diligence... mais je me suis cramponné à l'autre, et quand une fois j'tiens le morceau, j'suis comme les bouledogues, je ne lâche pas!

LAROCHE. Ainsi vous alliez quitter Paris dès ce matin, pour quelle raison?...

ARMAND. Ma mère possède dans la Bretagne un bien dont le revenu suffit à ses besoins; il doit me revenir un jour, et je vais le vendre pour rétablir dans votre caisse la somme que mon imprudence peut avoir contribué à vous faire perdre.

CLARISSE, *vivement.* Et votre mère, monsieur Armand, votre mère?

ARMAND. Oh! mademoiselle, je travaillerai, et ma mère ne manquera de rien. Mais elle n'hésitera pas à se dépouiller de tout ce qu'elle a pour épargner à notre nom la honte d'un soupçon.

LAROCHE. Qui vous dit que je vous aie soupçonné?

* Laroche, Clarisse.

** Guillaume, Armand, Laroche, Clarisse.

ARMAND. Monsieur, je l'ai compris à la sévérité de vos reproches... J'ai dû accepter ce nouveau malheur sans me plaindre, mais ma résolution a été prise aussitôt!

LAROCHE. Et moi aussi j'ai pris la mienne, et je ne veux plus entendre parler ni de ce vol ni de votre argent. Vous garderez votre place dans le chantier.

CLARISSE. O ciel!

GUILLAUME. Eh ben! à la bonne heure... parlez-moi de ça!... v'là de la justice! ça vous portera bonheur ça, monsieur Laroche! à vous aussi, mamselle Clarisse, car c'est vous, vous seule qui avez pu le calmer!...*

ARMAND. Monsieur, tant de bonté me pénètre de reconnaissance pour vous... et pour mademoiselle, qui n'a pas craint hier de prendre ma défense devant vous, et dans l'instant où votre colère était le plus à redouter.

GUILLAUME. Ah! dam... personne n'aurait osé s'y faire mordre!

LAROCHE. Maintenant, si vous tenez encore à partir, je ne vous retiens plus... Allez auprès de votre mère... allez lui demander, non pas un argent dont je n'ai que faire, mais son consentement à votre mariage...

ARMAND. A mon mariage?...

LAROCHE. Avec Clarisse!

CLARISSE. Grand Dieu!...

GUILLAUME. Ah! nom d'un petit bonhomme!... **

ARMAND. Monsieur... est-il possible!... tant de bonheur!...

GUILLAUME, *pleurant de joie.* Mille millions de tonnerres!... c'que vous faites là, monsieur Laroche... oh! c'est bien!... Et j'ai pu vous reprocher d'être dur, d'être sévère, méchant!... Je vous en voulais... animal que je suis... quand vous faites pour eux... pour elle... quand... Ah! tenez, j'en pleure comme un enfant...

CLARISSE, *lui tendant la main.* Mon bon Guillaume!...

GUILLAUME, *lui baisant la main avec transport.* Ah! c'est bon... c'est comme du velours... il semble que je bois une taupette de sirop! ***

Il va serrer la main à Armand.

LAROCHE, *bas à Clarisse.* Eh bien! Clarisse?

CLARISSE, *les larmes aux yeux.* Ah! monsieur... mon père... je ne me pardonnerai jamais d'avoir pu douter...

LAROCHE. Tais-toi... tais-toi!... tu es heureuse... je n'en demande pas davantage ****!

* Armand, Laroche, Clarisse, Guillaume.
** Armand, Laroche, Guillaume, Clarisse.
*** Armand, Guillaume, Laroche, Clarisse.
**** Guillaume, Armand, Clarisse, Laroche.

(*A part.*) Maintenant je réponds de son silence!

ARMAND. Mais pardon... il faut que je vous quitte!

LAROCHE. Vous ne restez pas à la fête?

ARMAND. Oh! monsieur, ce serait un jour de retard... Et cependant si mademoiselle Clarisse l'exige...

CLARISSE. Non, partez!...

LAROCHE. Eh bien donc... embrassez-la... je vous le permets...

GUILLAUME. Oui... nous vous le... (*Laroche le regarde, et il ajoute bas :*) Ravalé! ravalé!...

SCÈNE VIII.

LES MÊMES*, Mme GERVAIS.

Mme GERVAIS, *voyant Armand qui baise la main de Clarisse.* Ah! qu'est-ce que je vois?

GUILLAUME. C'est monsieur Armand, la vieille, monsieur Armand qui revient... qui repart... qui...

LAROCHE. Silence!... que tout ceci reste secret jusqu'à son retour!

Mme GERVAIS. Encore un secret...

GUILLAUME. Oui, maman... seulement vot' beau Martial... v'là c'qu'on lui fait... Ah! je suis content!... (*Il jette sa casquette en l'air.*) J' pèse pas une once.

LAROCHE *à Armand.* Allons, adieu... adieu...

CLARISSE. A bientôt!...

ARMAND. Oh! oui... oui... à bientôt!

Il serre la main à Guillaume, et sort vivement par la droite pendant que les Invités arrivent par le fond. Laroche prend la main de Clarisse et salue tout le monde. Les Ouvriers occupent le fond du théâtre.

SCÈNE IX.

LAROCHE**, CLARISSE, GUILLAUME, Mme GERVAIS, INVITÉS, GALOU, BAHU, MATHIEU, COTTERET, AGATHE, BOULOTTE, OUVRIERS, *puis* BARBILLON.

UN INVITÉ. Monsieur Laroche, votre fête est charmante.

UNE DAME. Une autre lui succédera bientôt, je pense, celle du mariage de mademoiselle Clarisse; jeune, belle, riche, les partis ne doivent pas manquer.

LAROCHE. Oui, nous y songerons... Mais quel est donc ce monsieur? (*Il a aperçu*

* Guillaume, Mme Gervais, Armand, Clarisse, Laroche.
** Agathe, Invités, Clarisse, Mathieu, Laroche, Guillaume, Cotteret.

Barbillon qui entre en saluant tout le monde, et qui a fait toilette.) Eh! je ne me trompe pas... c'est le petit Barbillon *.

GUILLAUME ET LES OUVRIERS. Barbillon?

BARBILLON, *à part.* C'est le cas d'être distingué et comme il faut! (*Haut.*) J'espère que vous ne m'en voudrez pas, monsieur Laroche, d'avoir eu l'toupet de venir... trinquer avec les amis sans être invité à la chose... Mais dam... c'est comme qui dirait tous gens du canal... et j'en suis aussi du canal.

LAROCHE. C'est bien... c'est bien, mon garçon... parbleu! tu n'es pas de trop.

GALOU. Mazette, t'es un peu cossu, toi!

BARBILLON. Non... c'est qu'il est mal tout de suite le petit Barbillon... faut le jeter... Que ça d' cambrure... et l' cabriolet sur le coin d l'oreille!...

GALOU. Où donc qu' t'as eu c' paletot-là?

BARBILLON. Genre mouscatchini... dernière mode... treize francs soixante-quinze au Temple! Ah! dam... j'ai eu la chance depuis deux jours... hier... mon caporal... et c'te nuit...

GUILLAUME. T'as encore sauvé quéqu'un...

BARBILLON. C'est-à-dire sauvé... Tenez, monsieur Laroche, c'était tout auprès d'chez vous, à deux pas d'vot bateau...

LAROCHE, *effrayé.* Hein? comment? que veux-tu dire?... Qu'est-ce qui est arrivé?

BARBILLON. Un pauvre diable qui flottait sur le bassin.

PREMIER INVITÉ. Encore un malheur!

DEUXIÈME INVITÉ. Un crime, peut-être?

BARBILLON. Ça, ça ne me regarde pas... Mon affaire, à moi, c'était d' pousser mon homme jusque devant le poste et d'le retirer du potage... c'est c'que j'ai fait...

LAROCHE. Et à temps sans doute... pour le sauver?...

BARBILLON. C'était fini d' rire!

LAROCHE. Oh! c'est dommage!... (*A part.*) Je respire!

BARBILLON, *à part à Galou.* S'ils savaient que c'est une connaissance... une pratique...

GALOU. Ah bah!

BARBILLON. Chut! c'est pas la peine d'attrister la fête.

Guillaume sort.

LAROCHE. Eh bien! mes amis, voyons donc, est-ce que l'on ne danse pas? **

Il sort avec Clarisse.

TOUS. Oui, la danse! l'orchestre, l'orchestre!

GALOU, *tapant sur sa guitare.* L'orchestre!.. le v'là en attendant!

* Agathe, Clarisse, Laroche, Barbillon, Guillaume, Galou, Mathieu.

** Mathieu, Agathe, Barbillon, Galou, Bahu, Boulotte, Invités, Cotteret.

BARBILLON. Ah! fameux!.. A nous deux, Galou.

GALOU, *à Bahu.* Viens ici, Blaireau, donne ton la! (*Bahu crie de toutes ses forces.*) A-t-il de l'oreille c' gueux-là!

BARBILLON. A toi, Galou. Et vous autres, invitez vos amoureuses!

Les dames vont s'asseoir sur les côtés du théâtre.

BARBILLON.

Air nouveau de Paul Henrion.

L'Ile-d'Amour,
C'est un amour d'île!
L' vrai séjour
Du gai troubadour.
Flâneurs du faubourg,
Flâneurs de la ville,
V'nez à l'Il'-d'Amour, } *bis.*
Houp là, houp là,
C'est un chouett' séjour!
Houp là! houp là! houp là!
Lala la rifla, fla fla (*4 fois*).
Pour y débarquer le dimanche,
L' simple omnibus vous suffit,
N'y a pas besoin d' passer la Manche, } *bis.*
Pas mêm' la manch' de son habit!

ENSEMBLE.

L'Ile d'Amour, etc.

Sur la ritournelle, tous les Ouvriers dansent un pas de contredanse, Barbillon avec Boulotte, Galou avec Agathe, Cotteret avec Louison.

GALOU.

L'Il'-d'Amour n'a que des futailles
Pour tout' fortifications;
J' défi' qu'on m' montre des murailles } *bis.*
Où l'on trouve autant de canons!

ENSEMBLE.

L'Ile-d'Amour, etc.

Sur la ritournelle, on danse un pas de polka.

BARBILLON.

Ici n' craignez pas les naufrages;
A la côt' si l'on est jeté,
On n'y trouve pas de sauvages; } *bis.*
D'mandez plutôt à la beauté.

Ils embrassent tous leurs danseuses.

ENSEMBLE.

L'Ile-d'Amour, etc.

Cette fois on danse un pas de mazourque, et lorsque l'air finit, tous les danseurs se posent dans des attitudes différentes. A la fin de la danse Laroche rentre avec Clarisse.

SCÈNE X.

LES MÊMES, LAROCHE, CLARISSE, *puis* MARTIAL *.

LAROCHE, *à Barbillon.* Bravo! bravo!... Très-bien, mon petit Barbillon...

MARTIAL **. Bravo! Mon cher monsieur Laroche, votre fête est charmante...

* Invités, Mathieu, Boulotte, Barbillon, Laroche, Clarisse, Invités.

** Guillaume, Mathieu, Martial, Boulotte, Barbillon, Laroche, Clarisse, Invités.

LAROCHE, *apercevant Martial.* Martial!..

CLARISSE, *à part.* Grand Dieu!

BARBILLON, *l'apercevant.* Ah!.. c'est un revenant*!..

TOUS, *ils remontent la scène.* Comment, un revenant?

GUILLAUME. Il faut qu'il se fourre partout cet être-là.

BARBILLON. C'est lui que j'ai retiré de l'eau... lui que je croyais mort!

TOUS. Mort!

MARTIAL. Oui, messieurs; sans ce brave garçon je n'aurais pas le plaisir de me trouver parmi vous, car j'ai été noyé la nuit dernière!

TOUS. Noyé!

Laroche passe la main sur son front comme un homme atterré.

CLARISSE, *à part.* Ah! je tremble!

MARTIAL. Oui, messieurs, noyé... ou du moins peu s'en est fallu... Un misérable coquin m'a jeté à l'eau.

TOUS. Ah! mon Dieu! c'est effrayant!

MARTIAL. J'espère donc, mon cher monsieur Laroche, que vous m'excuserez, ainsi que mademoiselle, si je me présente le dernier à votre fête. Ah! un peu plus, j'étais privé tout à fait de ce plaisir.

LAROCHE, *s'efforçant de parler.* Certainement... nous sommes...

MARTIAL. Vous êtes enchantés, je n'en doute pas... Je sais tout le bien que vous me voulez... Franchement, il m'est aussi fort agréable de vous revoir, et je dois cet agrément-là à l'honnête Barbillon; le gaillard, en me laissant au poste, ne comptait pas me revoir si bien portant.

BARBILLON. Oh! ma foi non... par exemple!.. Ah çà, dites donc, puisque vous voici vivant, c'est dix francs de plus que vous me redevez...

MARTIAL, *tirant vingt francs de sa poche.* Comment donc! mais certainement; tiens, en voilà vingt.

Il lui donne vingt francs.

BOULOTTE, *venant à Barbillon.* Dites donc, nous les mangerons.

BARBILLON. Ah! fi donc... nous les boirons... Garçon, deux petits verres.

Il sort avec Boulotte et une Invitée.

MARTIAL. Mais, je vous en prie, que ma présence ne dérange rien et n'interrompe pas davantage vos plaisirs**.

On remonte en causant de cet incident.

GALOU, *bas à Guillaume.* Dis donc... toi, qui l'avais menacé de le fiche à l'eau... paraît que d'autres y avaient pensé aussi.

Galou remonte avec Guillaume. Clarisse est remontée aussi avec des dames. Martial et Laroche restent seuls sur l'avant-scène.

MARTIAL, *bas à Laroche.* Il faut convenir que tu es un fier gredin!.. et que je me suis laissé enfoncer comme un jobard!

LAROCHE. Si tu veux me perdre, parle, hâte-toi!

MARTIAL. Cela ne me rapporterait rien; tandis qu'à présent nous allons traiter de puissance à puissance... Ah! par exemple, je n'irai plus causer d'affaires dans ton bateau.

LAROCHE. Ainsi tu te tairas?

MARTIAL. A une condition.

LAROCHE. Laquelle!

MARTIAL. Deux cent mille francs et la main de ta fille.

LAROCHE. Clarisse!.. ta femme!.. jamais!..

MARTIAL. Tu réfléchiras!

LAROCHE. Jamais, te dis-je!

MARTIAL. Songe que d'un mot je te livre à la justice!

Il remonte et cause avec des dames*.

LAROCHE, *à part.* Oh! malheur!.. Je suis en sa puissance!

CLARISSE, *s'approchant avec crainte.* Mon père.. je frémis du danger qui vous menace.

LAROCHE. Rassure-toi, tout va bien!

CLARISSE. Ah! Dieu soit loué**!

En ce moment une contredanse commence; on entend un grand bruit au fond. La voix de Guillaume domine toutes les autres.

LAROCHE. Eh bien! pourquoi tout ce bruit?

SCÈNE XI.

LES MÊMES, GUILLAUME, CABOT, LE COMMISSAIRE, DEUX AGENTS.

GUILLAUME, *venant du fond et tenant Cabot par le collet.* C'est une infamie!.. c'est épouvantable!..

CABOT, *se débattant.* Lâchez donc moi if you please!

GUILLAUME, *le secouant.* Avance, que je te dis, Anglais de malheur... Il faut que ton maître s'explique devant tout le monde et devant monsieur Laroche, qu'il démente à l'instant ce que tu viens de dire, ou sinon...

LAROCHE. Qu'y a-t-il, Guillaume**?

LE COMMISSAIRE, *s'avançant.* Calmez-vous, Guillaume.

* Guillaume, Barbillon, Martial, Galou, Laroche, Clarisse, Mme Gervais.

** Guillaume, Galou, Martial, Laroche, Clarisse, Mme Gervais.

* Mme Gervais, Clarisse, Laroche, Martial, Galou, Mathieu, Invités.

** Mme Gervais, Clarisse, Laroche, Martial, Guillaume, Cabot.

*** Mme Gervais, Clarisse, Martial, Laroche, le Commissaire, Gardes, Guillaume, Cabot.

TOUS. Le commissaire !

GUILLAUME. Et cependant je peux pas supporter...

LE COMMISSAIRE. Silence ! vous dis-je, et lâchez cet homme.

GUILLAUME, *le repoussant.* Oh ! tu ne m'échapperas pas pour ça, sois tranquille.

LAROCHE, *inquiet.* Monsieur, puis-je savoir le motif qui vous amène et ce qui a donné lieu à cette querelle ?

LE COMMISSAIRE. Il faut que je parle immédiatement à monsieur.

Il désigne Martial *.

MARTIAL, *troublé.* A moi ?...

LE COMMISSAIRE. Monsieur, hier, en revenant à vous, vos premières paroles ont appris aux personnes présentes que vous connaissiez l'auteur du guet-apens dont vous avez failli être victime.

CLARISSE, *à part.* O mon Dieu !

LAROCHE, *bas.* Du calme !

LE COMMISSAIRE. Je me suis transporté à votre domicile, où je n'ai trouvé que ce jeune Anglais...

CABOT. Yes... John... Petibull !..

LE COMMISSAIRE. Pressé de questions, il m'a répondu qu'il vous avait entendu prononcer le nom de l'homme qui vous a précipité dans le canal.

CLARISSE, *à part.* Oh !... je me sens mourir !

MARTIAL, *à part.* Imbécile de Cabot !

LAROCHE, *bas à Martial.* Sauve-moi, je consens à tout !

MARTIAL, *de même.* La dot... la main de Clarisse...

LAROCHE, *de même.* Tout ce que tu voudras.

MARTIAL, *bas à part.* Avant tout il faut nier !.. (*Haut.*) En vérité, monsieur, j'hésite devant une accusation aussi grave... J'aime mieux oublier... pardonner...

LE COMMISSAIRE. Vous chercheriez en vain à sauver le coupable... John me l'a nommé d'après vous.

CLARISSE, *à Laroche.* O ciel !...

GUILLAUME. C'est un infâme menteur !

MARTIAL. John a pu confondre... entendre mal.

CABOT. No... no... j'étais bien certaine...

LE COMMISSAIRE. Mais, monsieur, hier, vous avez vous-même déposé entre mes mains une plainte contre un homme qui vous avait insulté, menacé...

MARTIAL, *à part.* Guillaume !

LE COMMISSAIRE. Cet homme a été rencontré par la patrouille cette cette nuit, sur le quai, quelques instants avant le crime.

GUILLAUME. C'est vrai, mon Dieu, c'est vrai !

LE COMMISSAIRE. Enfin, c'est lui que vous avez désigné à votre domestique.

LAROCHE, *à part.* Je suis sauvé !

TOUS. Comment !... Guillaume !...

CLARISSE, *s'oubliant.* Oh ! c'est impossible !... il n'a pas dit cela...

LAROCHE, *la retenant.* Clarisse !...

LE COMMISSAIRE, *à Martial.* Eh bien ! monsieur, hésitez-vous encore ?

MARTIAL. Je puis regretter que John n'ait pas gardé le silence... mais enfin, puisqu'il a parlé...

TOUS. Eh bien ?...

MARTIAL. Il m'est impossible de le démentir !

CLARISSE, *bas.* Ah ! mon père, le laisserez-vous emmener ?

LAROCHE, *bas.* Clarisse, songe à ton serment !

GUILLAUME. Misérable, tu répondras devant Dieu de ce mensonge !

L'on entraîne Guillaume. Pendant que tous remontent, Martial passe à Cabot.

MARTIAL, *bas à Cabot.* Tu as joué un coup de maître !

CABOT. Quand je te disais qu'il me payerait son coup de poing !

* Mme Gervais, Clarisse, Invités, Laroche, Martial, le Commissaire, Gardes, Guillaume, Cabot.

* Mme Gervais, Clarisse, Laroche, le Commissaire, Guillaume, Martial, Cabot.

Deuxième Tableau.

Un petit salon chez Laroche. Deux portes latérales, celle de droite au premier plan, celle de gauche au troisième. A droite, une fenêtre donnant sur la rue. Celle de gauche donne sur le chantier, et fait face au public.

SCÈNE PREMIÈRE.

CLARISSE, *seule.*

Au lever du rideau, elle est à la fenêtre, et jette un dernier regard au dehors, puis elle la referme lentement.

Personne... (*elle s'assied*) et déjà il est tard ! J'avais pourtant compté sur ce jeune garçon; je le croyais bon, attaché à Guillaume. Par son adresse, j'espérais avoir souvent des nouvelles du pauvre prisonnier... il m'a trompée, et depuis trois jours je l'attends en vain... Comme les autres, sans doute, il le croit coupable et il l'abandonne !... (*Elle se lève.*) Et mon père ! depuis l'arrestation de Guillaume, je n'ai pu le voir, lui parler un seul instant... Il s'enferme chez lui des journées entières, ou bien il sort avec ce Martial, dont la vue seule me glace et m'épouvante... Mon Dieu, faudra-t-il donc que l'innocent perde à jamais la liberté, la vie peut-être!...

Elle met sa tête dans ses mains et pleure.

SCÈNE II.

BARBILLON, CLARISSE.

BARBILLON, *entr'ouvrant la porte et passant sa tête.* Peut-on entrer, mamselle Clarisse?

CLARISSE, *vivement.* C'est lui!

BARBILLON. Soi-même, en personne.

CLARISSE. Je ne vous attendais plus!

BARBILLON. Il est vrai que j'ai un peu tardé à venir, mais je vas me *justicier.*

CLARISSE. Un mot, un seul... Avez-vous vu Guillaume?

BARBILLON. Oui, mamselle... Comme j'ai j'ai une protection dans l'établissement, on m'a honoré d'une permission, et j'ai vu le vieil ami, je l'ai pressé dans mes bras, le vieil ami.

CLARISSE. Et moi qui vous accusais déjà!

BARBILLON. Quand je lui ai dit que je venais de votre part, il m'a sauté au col, et il m'a embrassé à m'étouffer!.. (*Avec émotion.*) Ça m'a fait un plaisir...

CLARISSE. Et que pense-t-on de son procès?... car on ne me dit rien... je ne sais rien, moi!

BARBILLON. Ah! dam... je mettrais ma main au feu qu'il est innocent; mais je ne suis pas son juge, moi!

CLARISSE. Quoi! vous pensez qu'on pourrait le condamner?... mais ce serait affreux!

BARBILLON. Aussi il faut épargner ce malheur aux braves gens qui rendent la justice... il ne faut pas que Guillaume soit jugé, et pour ça faire, j'ai monté un coup.

CLARISSE. Vous!

BARBILLON. Moi! Barbillon!... (*Bas et avec mystère.*) Il y a, dans la prison, une connaissance à moi... pas un voleur, au moins... c'est un garçon qui était comme moi sur le canal... Il avait imaginé une industrie... ce loustic-là, c'était d'avoir des amis qu'il sauvait censément de la plaine liquide, et ils partageaient ensuite la récompense... Des inspecteurs l'ont pincé, et on lui a offert un appartement gratis.

CLARISSE. Mais je ne vois pas quel rapport..?

BARBILLON. Attendez, attendez... Ce garçon-là, c'est un vrai rat, un pur mulot qui creuserait un puits artésien avec ses griffes... de sorte que, pas plus tard que ce soir, il a trouvé un procédé souterrain pour s'évader de la prison!

CLARISSE. Ah! je commence à comprendre.

BARBILLON. Petit, que je lui ai dit, je connais ton plan; eh bien! il y a pas mal de sonnettes pour toi, si tu veux emmener Guillaume et lui faire respirer la grande air.

CLARISSE. Et cet homme a consenti?

BARBILLON. Sans se faire prier.

CLARISSE. Quel bonheur!

BARBILLON. Oui, mais c'est Guillaume qu'il fallait décider, et c'était pas facile!

CLARISSE. Pourquoi?

BARBILLON. Voilà pourquoi: Des autres, qu'il me disait, ça m'est égal, qu'ils m'accusent, qu'ils me condamnent, j'ai ma conscience pour moi... Mais si je me sauve, mamselle Clarisse me croira coupable, et je reste!

CLARISSE. Mais il fallait lui répéter ce que je vous ai dit, que ce crime, je suis sûre, n'est pas le sien, que j'en ferais serment devant Dieu!

BARBILLON. C'est ce que j'ai fait, moi pas bête!

CLARISSE. Ah! c'est bien! c'est bien!...

BARBILLON. Pour lors, si vous l'aviez vu ce pauvre brave homme, il pleurait, il sanglotait, il sautait de joie... tout ça en même temps... Enfin, bref, il consent, et ce soir, sur le coup de neuf heures, je les attends pour les conduire dans un endroit où l'on sera bien malin si on les retrouve.

CLARISSE. Ne perdez pas un instant, courez, courez vite tout préparer...

BARBILLON. Je prends mes jambes à mon cou.* (*S'arrêtant et revenant.*) Mais j'y pense... j'oublie le principal, moi... et l'argent?

CLARISSE. L'argent!

BARBILLON. Dam! des services pareils, ça ne se paye pas avec des noyaux de cerises... et... dam!

CLARISSE. Ce soir... je m'y engage... je donnerai tout ce qu'il faudra.

BARBILLON. Alors, maintenant à la garde de Dieu! Quand neuf heures sonneront à Saint-Ambroise, si vous entendez sous vos fenêtres ma voix, mon refrain... c'est qu'il sera sauvé!... Si, au contraire, vous n'entendez rien...

CLARISSE. Eh bien?

BARBILLON. C'est qu'alors le coup aura manqué.

CLARISSE. Vous me faites frémir!

BARBILLON. Rassurez-vous, mamselle; le bon Dieu est juste... D'ailleurs, j'ai fait un vœu... Si ça réussit, je vous promets de ne

* Clarisse, Barbillon.

plus être un flâneur, un feignant... je travaillerai, je gagnerai honnêtement ma vie... car, voyez-vous, dès ce moment-là, il me semble que je serai devenu un homme... Adieu, mamselle Clarisse, adieu.

Il sort en courant.

SCÈNE III.

CLARISSE, *puis* LAROCHE.

CLARISSE. Brave garçon! ah! son dévouement est bien au-dessus du mien, car il ne doit rien à Guillaume, lui!... Mais il faut que je voie mon père à l'instant même... dût-il me repousser, j'attendrai à cette porte, jusqu'à ce qu'il consente à m'écouter*... (*Elle se dirige vers le cabinet de Laroche. En ce moment celui-ci entre silencieux et pensif.*) Le voilà! Comme il est pâle! comme il paraît inquiet! Mon Dieu! la nouvelle que je vais lui annoncer le rendra peut-être plus calme!

LAROCHE, *l'apercevant.* Ah! c'est vous, Clarisse.

CLARISSE. Oui, mon père... et j'ai besoin que vous m'entendiez un moment.

LAROCHE. Cette entrevue, je la désirais aussi, car j'ai à vous dire des choses les plus graves. Mais parlez, d'abord... je vous écoute.

CLARISSE. Mon père... il s'agit de Guillaume.

LAROCHE. Guillaume! j'allais aussi prononcer son nom.

CLARISSE. Ah! je crois vous deviner! Cette accusation portée contre lui, il n'était pas en votre pouvoir de la démentir... mais vous seriez heureux, n'est-ce pas, s'il pouvait fuir... loin de la France?

LAROCHE. Expliquez-vous.

CLARISSE. Dans son malheur, Guillaume a trouvé des amis, le ciel a béni leurs efforts, et aujourd'hui, moyennant une somme d'argent que j'ai promise en votre nom, Guillaume pourra s'évader.**

LAROCHE, *allant s'asseoir.* C'est une bonne pensée que vous avez eue là, Clarisse, et aucun sacrifice ne m'eût coûté pour vous seconder... Mais ce sacrifice de ma part, ce dévouement de la vôtre sont maintenant inutiles!

CLARISSE. Je ne vous comprends pas.

LAROCHE. Demain... aujourd'hui peut-être, l'innocence de Guillaume sera reconnue.

CLARISSE, *avec joie.* O mon Dieu! je vous remercie.

LAROCHE, *avec un sourire forcé.* Oui, remerciez le ciel : demain Guillaume sera libre; mais moi, votre père, j'aurai pris sa place!

CLARISSE. Mais c'est impossible... Qui donc pourrait vous trahir?

LAROCHE. Martial!

CLARISSE. Lui!... lui qui pour ne pas vous perdre a nommé Guillaume!

LAROCHE. Vous connaissez le faux témoignage, mais vous ignorez les conditions qu'il y met.

CLARISSE. Il vous demande de l'or? Eh bien, il faut lui en donner!

LAROCHE. Ce n'est pas de l'or seulement qu'il demande?

CLARISSE. Qu'est-ce donc, grand Dieu?

LAROCHE. Il veut que vous lui donniez votre main.

CLARISSE. Moi, la femme de cet homme! oh!

LAROCHE. Son silence est à ce prix!

CLARISSE. Mais il a outragé ma mère... il a voulu attenter à vos jours... il a perdu Guillaume?... Mais enfin, monsieur, ma main est promise et mon cœur est donné!

LAROCHE, *froidement.* Je sais tout cela... Aussi je ne vous demande rien, je suis résigné; et nous nous voyons aujourd'hui pour la dernière fois.

CLARISSE. Mais n'est-il donc aucun moyen de le forcer au silence?

LAROCHE. Ce qu'il a dit, il le fera... Ce qu'il veut, il faut que je le veuille... Et comme vous ne pouvez pas être sa femme, il me conduira à l'échafaud!

CLARISSE. Oh! ne me parlez pas ainsi, je vous en supplie... donnez-moi quelques jours pour prier, pour me préparer à cette idée affreuse...

LAROCHE. Ce qu'il exige... il l'exige aujourd'hui même.

CLARISSE. Aujourd'hui! (*A elle-même.*) O mon Dieu! je vous implore... inspirez-moi.

LAROCHE. Il veut que le contrat soit signé à neuf heures!

CLARISSE, *à elle-même.* Neuf heures! l'heure à laquelle Guillaume peut être libre!

LAROCHE, *à part.* Elle hésite... tout n'est pas désespéré!

CLARISSE, *à part.* Oh! vous m'avez entendue, mon Dieu! vous m'avez dicté ma conduite, et je vous obéirai!... A l'un je dois la vie, à l'autre toute ma tendresse... Eh bien! ils vivront... car, pour prix de mon dévouement, vous aurez pitié de la pauvre Clarisse!

LAROCHE, *qui s'est levé.* Ma fille, je n'ai plus rien à vous dire : vous allez quitter cette maison, car l'heure fatale approche, et il ne faut pas que vous soyez témoin de mon arrestation...

Il se dispose à sortir.

* Clarisse, Laroche.

** Laroche, Clarisse.

CLARISSE, *avec fermeté.* Je reste, mon père.

LAROCHE, *s'arrêtant.* Qu'entends-je?

CLARISSE. Ecoutez-moi... Guillaume a élevé mon enfance, je lui dois les jours les plus heureux de ma vie : je ne sais quel sentiment inconnu m'attache à lui et me dit qu'il espère en moi...

LAROCHE. Eh bien?

CLARISSE. Eh bien! ce soir, avant la signature du contrat, je saurai s'il est sauvé ou perdu à jamais... S'il est perdu, ne me demandez rien, n'exigez rien de moi... ce serait au-dessus de mes forces... je ne pourrais donner ma main à celui qui aurait livré l'innocent au supplice... une voix secrète me dit que ce serait un affreux sacrilége!

LAROCHE. Mais s'il est sauvé?

CLARISSE. S'il est sauvé... (*avec effort*) tout ce que vous voulez, tout ce que cet homme exige... je m'y soumettrai!...

LAROCHE. Quoi! vous consentiriez?...

CLARISSE. Oui.

LAROCHE. Aujourd'hui?

CLARISSE. Aujourd'hui.

MARTIAL, *en dehors.* Je vous dis que monsieur Laroche m'attend.

CLARISSE, *troublée.* C'est sa voix!

LAROCHE. Du calme... en sa présence.

CLARISSE. Le voir... maintenant!... oh! non! non! pas avant neuf heures!... D'ici là je désire... je veux être seule!... (*A part, en rentrant chez elle.*) O mon Dieu! mon Dieu! ne m'abandonnez pas!...

LAROCHE, *à lui-même.* Allons, mon salut dépend de celui de Guillaume!

SCÈNE IV.

MARTIAL, LAROCHE.

MARTIAL, *entrant.* Eh bien! quelle nouvelle?

LAROCHE. Tu n'es pas en retard!

MARTIAL. J'aime l'exactitude... Tu m'avais demandé quelques jours pour préparer ta charmante fille... l'heure est arrivée... et moi aussi!

LAROCHE. Je vais envoyer chercher le notaire! mais un dernier mot seulement : tu te rappelles nos conventions, si le mariage a lieu...

MARTIAL. La dot touchée, je ne dois plus te revoir : un galant homme n'a que sa parole.

LAROCHE. Pour échapper à ton infernale influence, je me saigne, je me dépouille!...

MARTIAL. Tu fais fort bien les choses.

LAROCHE. Mais de nouvelles exigences de ta part seraient pour moi la ruine... Entre la misère et la mort, mon choix serait bientôt fait!

MARTIAL. Quoi! tu aurais la faiblesse de....

LAROCHE. Oui... mais avant, je te tuerais!

MARTIAL. Encore... Tu en serais bien capable!

LAROCHE. A bientôt!

Il rentre.

MARTIAL. A bientôt, cher beau-père!

SCÈNE V.

MARTIAL *seul, puis* Mme GERVAIS.

MARTIAL. S'il croit que je vais m'amuser à cultiver sa connaissance! Non, non. Une fois riche, je passe à l'étranger, j'achète une terre, et j'y finis doucement mes jours au milieu de mes bons paysans... mes précautions sont déjà prises pour mon départ... Quant aux coquins, mes associés, comme ils ne se doutent de rien, je leur brûle à tous la politesse!*

Mme GERVAIS, *entrant.* Monsieur, recevez mon compliment... je veux être la première à vous féliciter... je sais que monsieur vient de faire demander son notaire.

MARTIAL. Oui, ma bonne madame Gervais, nous signons ce soir.

Mme GERVAIS. Ah! quel bonheur!... Et comme ça va remettre à sa place monsieur Armand... Mais pardon... le trouble, la joie... j'oubliais... il y a là quelqu'un qui vous demande : c'est un Allemand.

MARTIAL. Un Allemand!.. Ah! j'y suis.. sans doute le garçon du carrossier auquel j'ai commandé ma voiture de voyage.

Mme GERVAIS. Une voiture! Dieu! que mademoiselle sera heureuse... J'irai dedans... (*A la porte du fond.*) Entrez, entrez, mon garçon... Moi, je vais tout préparer.

Elle sort au moment où Cabot entre.

SCÈNE VI.

CABOT, MARTIAL.

Cabot à un gros ventre, le nez bourgeonné, et une tête tellement changée que Martial ne le reconnaît pas.

MARTIAL, *s'étendant dans un fauteuil.* Qui êtes-vous, mon ami? que me voulez-vous?

CABOT. Je être de Strasbourique, je me appelle Crompir.

MARTIAL. C'est un joli nom... Et vous venez de la part de...

CABOT. Ia, meinher, je fiendre de le part à moi.

* Mme Gervais, Martial.

MARTIAL, *à lui-même.* Je me suis trompé. Quelle est donc cette tête carrée-là ?

CABOT. J'afre entendi tire que meinher avre renfoyé sa tomestique.

MARTIAL. Eh bien ?

CABOT. Eh pien, je m'âvre tit : Meinher avre pesoin d'une falet de chambre; moi j'avre pesoin d'une pourgeois, et j'avre fenu... foilà !

MARTIAL. J'âvre, j'âvre !... on vous a donné de faux renseignements... je n'ai besoin de personne... D'ailleurs je ne veux plus d'étrangers à mon service... monsieur John m'en a dégoûté... un drôle qui m'espionnait, qui me volait !...

CABOT, *de sa voix naturelle.* Qui t'espionnait, oui; mais qui te volait, pas possible, l'Allumeur ! *

MARTIAL, *se levant.* Cabot !

CABOT. Yes, mylord.

MARTIAL. Imprudent ! quand j'avais si bien détourné les soupçons ! Si on te voyait, si on te reconnaissait...

CABOT. Défendu ! Tu ne m'as pas reconnu avec ton binocle, toi !

MARTIAL. C'est vrai, au fait. (*Riant.*) Satané filou, va !

CABOT. A la bonne heure ! v'là un mot d'amitié.

MARTIAL. Mais, voyons, que me veux-tu ?

CABOT. Ecoute donc, les amours; depuis huit jours qu'on ne t'a vu, on était inquiet de ta petite santé !

MARTIAL. Vous êtes tous des imbéciles !

CABOT. Merci. Il ne te faut rien pour ça ?

MARTIAL. Est-ce que ce n'est pas mon plan d'habitude de faire le mort pendant des semaines, des mois entiers, pour mûrir les affaires ?

CABOT. Bah ! est-ce que t'aurais encore un nouvel enfant en sevrage ?

MARTIAL. Encore aujourd'hui, et l'on pourra plumer l'oie sans la faire crier... Mais file, file vite, il ne faut pas qu'on me voie avec des têtes comme la tienne !

CABOT. Tu ne me trouves donc pas joli ?

MARTIAL, *à part.* Il me semble que j'entends quelqu'un.

CABOT. Où nous retrouverons-nous ?

MARTIAL. Demain, au petit jour... au chemin de ronde... mais plus bas...

CABOT. On sera au rendez-vous... loin des jaloux.

Il va pour sortir, madame Gervais entre; il s'arrête.

SCÈNE VII.

LES MÊMES, Mme GERVAIS **.

Mme GERVAIS, *apportant des lumières.* Monsieur Martial... le notaire vient d'entrer chez monsieur Laroche *.

CABOT, *bas.* Tu travailles avec les notaires, toi !

MARTIAL. Tais-toi donc !... (*Haut.*) Je n'ai besoin de personne, je vous le répète.

Mme GERVAIS, *préparant la table au milieu du théâtre.* Ah ! il veut entrer à votre service ?

CABOT, *qui est remonté au fond.* Ia, ia, montame, et j'apprendre à vous à faire le joucroute.

MARTIAL, *bas.* Mais file donc, animal... elle va te reconnaître aux lumières !

CABOT. Ia, ia, meinher... (*En sortant.*) J'ai idée qu'il veut nous floner.

Mme GERVAIS. Maintenant, prévenons mademoiselle.

Elle sort.

SCÈNE VIII.

Mme GERVAIS, CLARISSE, MARTIAL, *un moment seul, puis* LAROCHE, LE NOTAIRE.

MARTIAL. Enfin, il est parti !

Laroche entre par la droite avec le Notaire; Clarisse par la gauche avec Mme Gervais.

Mme GERVAIS, *à Clarisse.* Vous m'aviez tout caché, Clarisse... mais j'étais bien sûre que vous l'épouseriez...

LAROCHE, *au Notaire, pendant que Clarisse échange avec Martial un salut glacial.* Prenez place, monsieur, et remplissez les blancs. (*Bas à Clarisse.*) L'heure va bientôt sonner, ma fille... songez que ma vie est entre vos mains !

CLARISSE, *bas et avec fermeté.* Si cette heure est celle de la liberté de Guillaume, je tiendrai ma promesse...

Martial descend à la gauche du Notaire.

LAROCHE, *au Notaire.* Vous savez que je donne à... mon gendre, deux cent mille francs...

MARTIAL. C'est vous qui l'avez voulu, beau-père !

LAROCHE, *continuant.* Qui lui seront comptés demain, à ma maison de la Villette, après la célébration du mariage !

Le Notaire écrit. Laroche ne quitte pas Clarisse des yeux.

LE NOTAIRE. Tout est prêt !

LAROCHE. Allons, ma fille !

LE NOTAIRE, *présentant la plume à Clarisse.* Mademoiselle...

Neuf heures sonnent.

CLARISSE, *prêtant l'oreille.* Neuf heures !...

* Martial, Cabot.

** Martial, Mme Gervais, Cabot.

* Martial, Cabot, Mme Gervais.

** Mme Gervais, Clarisse, Laroche, Martial, le Notaire.

MARTIAL. Qu'a-t-elle donc?

CLARISSE, *écoutant toujours*. Rien... rien... il est perdu!...

Elle va à la fenêtre, qu'elle ouvre.

MARTIAL, *bas à Laroche*. Elle hésite... Pierre Bénard! prends garde...

Les traits de Laroche expriment la plus vive anxiété. En ce moment, on entend au dehors la voix de Barbillon.

Gais enfants du canal, répétez mon refrain, etc.

CLARISSE, *jetant un cri*. Ah! il est sauvé!

MARTIAL, *étonné*. Sauvé! qui?

LAROCHE. Eh bien, Clarisse?...

CLARISSE, *avec effort*. Je signe, je signe, mon père... (*Après avoir signé*.) Sauvés tous deux! Et moi, demain je serai libre, car je serai morte!...

Elle tombe sur une chaise comme anéantie.

MARTIAL, *à part et signant*. A moi les deux cent mille francs!

SCÈNE IX.

LES MÊMES, CABOT *.

CABOT, *entr'ouvrant la fenêtre du balcon où il est tapi*. Part à nous autres, meinher!

Martial se dispose à signer, Clarisse se soutient à peine.

La toile baisse.

* Mme Gervais, Clarisse, Laroche, le Notaire, Martial, Cabot.

ACTE CINQUIÈME.

Premier Tableau.

Le chemin de ronde, près de la barrière de la Villette; à droite, un banc fait avec des pierres de taille, qui sont en œuvre; à gauche, plusieurs pierres de taille.

SCÈNE PREMIÈRE.

CABOT, PIQUEVINAIGRE, LE LOUCHON.

Au lever du rideau, il fait nuit complète. Les voleurs arrivent à pas de loup et se cherchent dans l'obscurité en étendant les mains.

CABOT, *chantonnant à demi-voix*.

Quand on attend sa belle,
Que ma tante est cruelle!

PIQUEVINAIGRE, *au Louchon*. Ça doit être Cabot qui gazouille.

CABOT, *prêtant l'oreille*. J'entends craquer des philosophes... c'est le Louchon. (*S'approchant*.) A qui le pas léger?

LE LOUCHON. A qui la voix chérie?

CABOT. France!... oiseaux de nuit!

TOUS. Présents!*

Ils se joignent et se réunissent sur le devant de la scène.

PIQUEVINAIGRE. Nous v'là au rendez-vous; heure militaire.

LE LOUCHON. Et l'allumeur?... je ne le vois pas.

CABOT. Il se fait attendre... c'est grand genre... mais il viendra.

PIQUEVINAIGRE. En es-tu sûr?

CABOT. Pardieu!... puisqu'il doit nous donner une affaire**.

Ils vont s'asseoir.

LE LOUCHON. C'est donc que'qu' chose de crâne?

CABOT. Que'qu' chose de rupin; sans ça est-ce que je vous aurais dit de faire les grands préparatifs?

* Le Louchon, Cabot, Piquevinaigre.
** Piquevinaigre, Cabot, le Louchon.

PIQUEVINAIGRE. Alors pourquoi que tu nous dis pas le fin mot..., monsieur du mystère?

CABOT. C'était pas la peine de se presser... d'ailleurs j'ai su ça pas plus tard qu'hier au soir, mes enfants... L'allumeur est une canaille qui veut nous faire voir le tour.

TOUS. Ah! bah!

CABOT. Maintenant je peux vous narrer la chose. Ecoutez!...

LE LOUCHON, *prêtant l'oreille*. Chut!... on marche par là.

PIQUEVINAIGRE. C'est peut-être lui *!

CABOT. Non... y a un tas... c'est une ronde, esbignons-nous en douceur.

Ils se sauvent par la droite. Au même instant la ronde de nuit entre par la gauche en marchant avec précaution, écoutant et cherchant à distinguer les objets. Puis, après avoir regardé partout, les soldats continuent leur chemin et disparaissent. Pendant qu'ils s'éloignent, Barbillon arrive, écoute, puis il se retourne et fait un signe de la main. Guillaume paraît alors, et tous deux s'avancent sur le devant de la scène.

SCÈNE II.

BARBILLON, GUILLAUME.

BARBILLON. Suivez-moi, papa Guillaume; la patrouille est devant et je connais le chemin.

GUILLAUME. Oui, conduis-moi, mon garçon, car j' suis encore si étonné de m' trouver libre, que la tête m'en tourne!...

BARBILLON. Tout à l'heure nous sortirons

* Piquevinaigre, le Louchon, Cabot.

de Paris avec les marchands qui vont faire leur petit commerce à la fête de la Villette, et une fois dehors vous savez le reste, vive la Charte!

GUILLAUME. Oui, j' sais qu' monsieur Laroche fait c' qu'il peut... Il a donné des ordres à Martin, qui est un brave marinier et qui me cachera de son mieux dans son bateau.

BARBILLON. A cinq heures vous démarez du port, et dans huit jours vous v'là en Flandre!

GUILLAUME. Oh! j'espère ben n'y pas rester. L' diable n'est pas toujours acharné après les honnêtes gens... et un jour ou l'autre je reviendrai prendre ma place dans le chantier... près de tous ceux que j'aime, près d'elle enfin!...

BARBILLON. Mamselle Clarisse!... oh! elle n'est pas ingrate, et si vous l'aimez elle vous le rend bien.

GUILLAUME. C'est que tu ne sais pas... tu n' peux pas savoir tout c' qui m'attache à elle... aussi je n' partirai pas sans la revoir.

BARBILLON. Ah ben... en v'là une idée!... Mais, père Guillaume, ça serait vous exposer...

GUILLAUME. J' l'ai mis dans ma tête, faut que ça soie... J' peux descendre la garde, moi!... et plutôt que d' partir sans l'embrasser, j'aimerais mieux retourner tout de suite en prison.

BARBILLON. Comment faire?... avec ça un jour de mariage...

GUILLAUME. Hein!... tu dis?... Un jour de mariage...

BARBILLON, *à part.* Oh! maladroit!

GUILLAUME. Clarisse se marie?...

BARBILLON, *embarrassé.* Oui... oui... je le crois... c'est la vieille bonne... c'est-à-dire la vieille méchante qui m'a dit ça hier au soir.

GUILLAUME. Ah! doit-elle être heureuse! Et lui donc!... ce brave M. Armand!

BARBILLON. Monsieur... Armand?

GUILLAUME. Oui, oui, ils s'aimaient tous les deux, et depuis longtemps peut-être, bien que sans moi M. Laroche n'aurait pas consenti...

BARBILLON, *à part.* Pauv' cher homme! s'il savait...

GUILLAUME. Mais il a tenu sa promesse... c'est bien... c'te pensée-là me console, me rassure et je partirai tranquille, pourvu que je voie Clarisse un moment, une minute... Mais autrement, j' bouge pas de place!

BARBILLON, *à part.* Vieux entêté, va! (*Haut.*) Eh ben!... on cherchera, on fera son possible. Mais en attendant, continuons notre chemin et gagnons la Villette!

Ils font quelques pas pour sortir.

CRI, *en dehors.* Qui vive?

BARBILLON. Ah! nom d'une pipe!... v'là la patrouille qui revient; refilons par ici.

Ils vont pour sortir du côté opposé; mais la patrouille s'élance et les arrête. Le jour commence à poindre.

SCÈNE III.

LES MÊMES, UN CAPORAL, SOLDATS*.

LE CAPORAL. Halte-là! qui êtes vous? que faites-vous ici?

BARBILLON, *le regardant.* Dam... mon caporal... nous... nous... ah!...

LE CAPORAL. Suivez-nous au poste!

GUILLAUME, *bas.* Je suis perdu.

BARBILLON, *de même.* Que non! laissez faire!... (*Haut.*) Au poste!... J' veux bien... j'y aurai peut-être des nouvelles du caporal que j'ai sauvé hier.

LE CAPORAL. Hein!... comment!... ça serait vous qui...

BARBILLON. Oui, caporal... c'est moi qui vous a retiré de la limonade.

LE CAPORAL. Vraiment! ah! dam... dans la nuit... J' vous remettais pas... Dites donc... en vous remerciant...

BARBILLON. Y a pas de quoi...**

LE CAPORAL. Mais qu'est-ce que c'est que cet homme-là?

BARBILLON. Ça c'est pas un homme, c'est un Auvergnat, un gaillard un peu solide; et comme il y a fête sur le bassin de la Villette, je l'ai pris de supplément.

LE CAPORAL. Ah ben... pour lors... c'est différent... allez vot' train...***

BARBILLON. Bonsoir, caporal...

LE CAPORAL. Au plaisir!... (*A ses soldats.*) Marche!

Il s'éloigne par la gauche.

BARBILLON, *à Guillaume.* Marche!

MARTIAL, *se montrant derrière une grosse pierre au fond.* Marche!

SCÈNE IV.

MARTIAL, *seul; puis* CABOT, PIQUEVINAIGRE, LE LOUCHON****.

Martial est vêtu d'un bourgeron, et il a sur la tête une mauvaise casquette.

MARTIAL. J'ai cru qu'ils ne me laisseraient jamais arriver au rendez-vous! Malgré l'obscurité, je crois avoir reconnu Guillaume. Le gaillard aura donc pu s'échapper?... que m'importe?... Il a trop affaire de son côté pour me nuire... et dans quelques heures je ne craindrai plus ni lui... ni personne! Mais

* Le Chef, la Garde, Barbillon, Guillaume.
** Barbillon, le Chef, Guillaume.
*** Barbillon, Guillaume, le Chef, Soldats.
**** Martial, Cabot, Piquevinaigre, le Louchon.

voilà le jour qui vient... Ah !... pourquoi cette patrouille n'a-t-elle pas ramassé mes nobles amis?... (*Les voleurs paraissent de différents côtés en regardant derrière eux.*) Cela m'aurait rendu un grand service!... Mais les drôles ont le nez trop fin!... (*Les voyant.*) Allons... du sang-froid... songeons à les bien entortiller.

CABOT, *bas à Piquevinaigre.* Laisse-moi lui parler... Je vas le coller sous bande. (*S'approchant et fredonnant.*) Je vous attends dans l'ombre de la nuit*...

MARTIAL. Tais ton bec, sansonnet... ou gare la cage! Songe que la police devient de jour en jour plus insupportable... Bientôt il n'y aura plus moyen de rien faire...

LE LOUCHON. C'est embêtant!

MARTIAL. Aussi je crois que nous ferons aussi bien de liquider notre société.

CABOT. Tu crois qu'il faut nous séparer?

MARTIAL. Le plus tôt sera le meilleur.

CABOT. Dam... en partageant la masse.

MARTIAL. Comment, la masse!... Est-ce que chacun n'a pas eu sa part?

CABOT. Jusqu'à présent oui; mais tu oublies quelque chose.

MARTIAL. Quoi donc?

CABOT. Les deux cent mille balles que tu vas toucher aujourd'hui!

TOUS. Ah! ah!

MARTIAL, *à part.* Ils savent tout!... (*Cherchant à se donner de l'aplomb.*) Messieurs, cette somme est la dot de mon épouse, et je ne puis en disposer.

CABOT. Et nous, nous te disons qu'il nous faut notre part.

LES VOLEURS. Oui, certainement qu'il nous la faut.

MARTIAL. C'est une affaire à moi seul, et je la garde.

CABOT. Ah! c'est comme ça... tu l'avoues. Bien, le canal n'est pas loin... Allons, haut, chacun un bras, chacun une jambe.

MARTIAL, *à part.* Diable! mais, c'est que Barbillon n'est pas là.

CABOT. A l'eau avec une pierre au cou...

MARTIAL, *avec beaucoup de sang-froid, pendant qu'ils le tiennent.* Imbéciles... vous en serez bien plus riches quand vous m'aurez noyé.

CABOT. Alors, tu promets donc...

MARTIAL. Lâchez-moi, vous aurez votre part...

Ils le lâchent.

CABOT. Nous voulons une garantie.

MARTIAL. Je vous donne ma parole d'honneur.

* Le Louchon, Martial, Cabot, Piquevinaigre.

CABOT. J'aime mieux autre chose.

MARTIAL. Eh bien, puisque ce gueux-là s'est caché dans quelque coin pour écouter...

CABOT. Ia, meinher.

MARTIAL. Il doit savoir que c'est aujourd'hui.

CABOT. Ce matin.

MARTIAL. A la Villette.

CABOT. Que l'aimable douille doit t'être comptée.

MARTIAL. Eh bien, je vous invite tous à la noce.

CABOT. Nous allions te le demander.

MARTIAL. Bah!

CABOT. Oui, c'était notre plan... nous boirons, nous mangerons, nous trinquerons avec le beau-père, et nous ne te quitterons que lorsque tu auras aboulé la monnaie.

On lâche Martial.

MARTIAL. Allons, vous pensez à tout.

CABOT. Mais tu n' vas pas t' marier attiffé comme ça?

MARTIAL. Je vais changer d'uniforme!* (*Il ôte son bourgeron, qu'il jette dans les pierres, ainsi que sa casquette, puis il se débarrasse de mauvais chaussons de lisière sous lesquels sont des souliers vernis; puis il passe la main dans sa coiffure, tire un claque de son habit; en outre, il se débarrasse d'affreux gants de peau de lapin sous lesquels sont des gants glacés.*) Quand on a l'avantage d'être fiancé, il faut être présentable.

CABOT. Et quand on est invité, il faut faire honneur aux dames.

Ils changent tous trois leurs costumes lestement, et paraissent en habits bourgeois.

MARTIAL. Allons, vous êtes aussi malins que moi, et je renonce à vous mettre dedans.

TOUS. Vive Martial!

MARTIAL. Chut!... Voyons, ces deux messieurs seront mes amis de collége; quant à ce vénérable patriarche, j'en fais mon parrain.

CABOT, *déguisé en vieux.* Oui, je suis aéronaute; j'ai découvert le moyen de m'élever dans les airs; je compte sur mon dernier vol pour prendre ma retraite.

MARTIAL. Parfait! A dix heures, soyez exacts, messieurs et amis.

CABOT. Sois tranquille, j'ai fait une bréguet qui va très-bien**...

MARTIAL, *saluant avec élégance.* Messieurs, j'ai bien l'honneur.

CABOT, *de même.* Comment donc, monsieur! c'est vous, au contraire.

MARTIAL, *à part.* Ils croient me tenir, mais ils n'ont pas pensé à tout.

Ils se séparent. Le théâtre change.

* Le Louchon, Piquevinaigre, Martial, Cabot.

** Martial, Cabot, le Louchon, Piquevinaigre.

Deuxième Tableau.

La fête de la Villette. Le bassin avec les bateaux pavoisés. La barrière Saint-Martin. A droite, l'entrée de la maison de Laroche. Une porte d'entrée grillée.

SCÈNE PREMIÈRE.

MARCHANDS ET PROMENEURS, *puis* BARBILLON.

Au lever du rideau, le théâtre représente une fête animée. Des Marchands ont établi leurs boutiques dans le fond. Des Saltimbanques font leurs exercices. On se promène, on achète, on joue. Un Paysan et un Conscrit viennent pour essayer leurs forces en frappant sur une machine faite exprès. Le Conscrit se baisse, le Paysan lui frappe involontairement sur la tête et lui enfonce son shako. Une querelle s'engage, la Garde arrive. On disperse la foule, et le devant de la scène reste vide.

BARBILLON, *sortant de la maison pendant que la foule s'éloigne.* Je crois que la chose est arrangée... c'est pas sans peine... car il fallait parler à la mariée... à elle seule... mais enfin la v'là prévenue... Pendant que les invités de la noce arrivent par la grande porte et que l'papa Laroche les reçoit dans le salon, mamselle Clarisse va se glisser dans le jardin, et elle verra Guillaume; mais elle ne lui dira rien de son mariage avec ce Martial... elle lui laissera son erreur. C'est drôle! faut qu'il y ait là-dessous des histoires, des secrets... mais mon affaire, à moi, c'est de faire sortir Guillaume de son bateau et de l'amener ici sans danger... Voyons s'il n'y a personne de connaissance... Non, personne... le bateau est à deux pas... l'instant est favorable... Filons!

Il se mêle dans la foule. En ce moment Armand arrive par la gauche. Il est en tenue de voyage.

SCÈNE II.

ARMAND, *seul.*

J'ose à peine approcher; je ne sais quel funeste pressentiment m'agite en venant ici. A peine descendu de voiture, je cours à la maison de monsieur Laroche... je la trouve fermée... le chantier aussi... qu'est-ce que cela signifie?... serait-il arrivé un malheur pendant mon absence?... Allons, il faut m'en assurer... (*Il va auprès de la grille et s'arrête au moment de sonner.*) Ah! mon Dieu! que de monde dans le jardin!... mais il y a donc une réunion!... une fête!... C'est singulier... je n'ose plus entrer... Si du moins, je pouvais apercevoir madame Gervais... ou Guillaume, et m'informer de ce qui se passe...

SCÈNE III.

GUILLAUME, BARBILLON, ARMAND.

BARBILLON. Renfoncez donc vot'chapeau, père chose, et relevez vot'collet.

GUILLAUME. Va toujours, sois tranquille.

BARBILLON. Heureusement nous v'là à la porte, et personne n'a pu vous reconnaître.

ARMAND, *les apercevant.* Ah! voici Barbillon... et Guillaume *.

GUILLAUME. Monsieur Armand!

BARBILLON. Allons, bon!... v'là l'autre à c't'heure!

ARMAND. Mon brave Guillaume... que je suis heureux de vous rencontrer!

GUILLAUME. Et moi donc, monsieur Armand!

BARBILLON. Taisez-vous donc, taisez-vous donc!

GUILLAUME. Ça m'aurait fait mal de n'pas vous serrer la main un jour comme celui-ci.

BARBILLON. Ils vont bien arranger les affaires à eux deux.

GUILLAUME. Mais comment qui s'fait que vous n'soyez pas par là... que vous n'soyez pas habillé?

ARMAND. Mais je descends de diligence.

GUILLAUME. Comment?

BARBILLON, *voulant l'entraîner.* Venez donc, père Guillaume, venez donc!

ARMAND. J'ai pu revenir plus promptement que je ne l'espérais, et j'ai hâte de revoir monsieur Laroche et sa fille... de leur faire part du bonheur qui m'arrive... J'ai presque une fortune à offrir à celle que j'aime.

GUILLAUME. Bien!... bien!... j'y suis... on avait tout préparé pour l'instant de vot' retour.

ARMAND. Je ne vous comprends pas, Guillaume, et ce monde que j'ai vu dans le jardin...

GUILLAUME. Eh bien! quoi?... Est-ce que vous auriez voulu vous marier en cachette?

ARMAND. Oh!... c'est impossible, Guillaume; vous vous trompez... J'arrive avec nos papiers, avec le consentement de ma mère, et il est impossible qu'en mon absence...

GUILLAUME, *à Barbillon.* Mais qu'est-ce que tu m'as donc dit, toi**?

BARBILLON. Ah! je suis gêné dans mes escarpins.

* Barbillon, Guillaume, Armand.

** Guillaume, Barbillon, Armand.

GUILLAUME. Tu m'as dit que Clarisse se mariait ce matin?

ARMAND. O ciel!

GUILLAUME. Qu'on se rendait pour la cérémonie à la maison de la Villette. Réponds, réponds...

BARBILLON. Oui... oui... c'est vrai...

ARMAND. Clarisse se marie!..

GUILLAUME, *secouant Barbillon.* Mais si ce n'est pas avec lui.... avec qui donc?... Parle à l'instant... je le veux...

BARBILLON. Eh ben! puisqu'il faut vous le dire... c'est... avec...

LES PROMENEURS. V'là la noce?... v'là la noce!

BARBILLON. Bon... v'là le bouquet.

SCÈNE IV.

LES MÊMES, *et successivement* INVITÉS, GALOU, MATHIEU, OUVRIERS, CABOT, LES VOLEURS, LAROCHE, CLARISSE, MARTIAL*.

GUILLAUME, *apercevant Martial qui entre en donnant la main à Clarisse.* Que vois-je! Martial!

ARMAND. C'est lui qu'elle épouse...

GUILLAUME. Oh! jamais! jamais**!

BARBILLON, *voulant le retenir.* Guillaume!... qu'allez-vous faire?

GUILLAUME, *le repoussant et écartant la foule.* Arrêtez!... arrêtez!...

TOUS. Guillaume!

CLARISSE, *quittant la main de Martial.* Guillaume!... Armand! ô mon Dieu!...

LAROCHE. Guillaume?... vous n'avez rien à faire ici... allez vous-en... retirez-vous... songez au danger qui vous menace.

GUILLAUME. Ah! ça m'est égal... qu'on me reprenne, qu'on me conduise en prison!... mais ce mariage n'aura pas lieu!

TOUS. Que dit-il?

LAROCHE, *bas.* Guillaume!... songez à vos promesses.

GUILLAUME. Je ne me souviens de rien, monsieur Laroche!... vous nous avez trompés tous les trois... lui... elle... moi!... Vous avez voulu la forcer, la pauvre enfant, à épouser cet homme... celui qui m'a accusé!... c'est une infamie!

LAROCHE, *à Martial.* S'il parle, nous sommes perdus!

MARTIAL. Allons, place! on nous attend! Venez, mademoiselle, venez!

GUILLAUME, *hors de lui.* Misérable*!.... ne la touche pas!.... Ne prends pas sa main!... Je te le défends, moi, son père!

CLARISSE. Mon père!

TOUS. Son père!... lui!... Guillaume!

Clarisse s'est jetée dans les bras de Guillaume en poussant un cri de joie.

LAROCHE. Plus de salut possible**.

GUILLAUME, *pressant Clarisse sur son cœur.* Oui, Clarisse, ton père, qui a gardé le silence pendant vingt ans pour assurer ton bonheur, ton avenir... pour ne pas te faire partager la honte qui pesait sur lui... Ton père, qui reprend ses droits au péril de sa vie, et qui vient t'arracher à des infâmes!... Ah!... ne tremble plus, ma fille!... je suis là pour te sauver, pour te défendre, et Dieu m'en donnera la force!

MARTIAL, *bas à Laroche.* Comment! ce n'était pas ta fille!... et tu me trompais encore? Décidément tu es trop malin pour moi.

CABOT, *qui a remonté pendant ce temps, revenant vers Martial avec effroi.* Alerte!... alerte!... la garde arrive!

En ce moment le Commissaire paraît avec la Garde.

SCÈNE V.

LES MÊMES, LE COMMISSAIRE, LA GARDE***.

LE COMMISSAIRE. Guillaume!... je vous arrête!

GUILLAUME. Me voilà, monsieur, prêt à vous suivre****...

CLARISSE. Non... non... vous ne l'emmènerez pas!... c'est mon père, monsieur, mon père, entendez-vous?... Et je puis parler maintenant... je puis crier à tous: Il est innocent du crime dont on l'accuse!... je le sais bien, moi qui l'ai vu commettre.

LE COMMISSAIRE. Parlez, mademoiselle, parlez!...

CLARISSE. Oui, monsieur, je dirai la vérité!... je dirai que le coupable c'est... (*Elle s'arrête.*) Oh! je ne puis... la voix, la force me manquent pour accuser... (*Se relevant avec énergie et à Laroche.*) Mais vous... vous, monsieur, dites donc que mon père n'est pas coupable!

LAROCHE. Oui!... oui!... c'est vrai!.... Guillaume est innocent!...

TOUS. Innocent!...

LE COMMISSAIRE. Mais la preuve de ce que vous dites, monsieur?

* Barbillon, Guillaume, Invités, Clarisse, Mathieu, Martial, Galou, Laroche, Cotteret, Cabot.

** Armand, Guillaume, Barbillon, Laroche, Martial, Clarisse.

* Cabot, Martial, Voleurs, Laroche, Guillaume, Barbillon, Clarisse, Invités.

** Cabot, Laroche, Martial, Barbillon, Guillaume, Clarisse.

*** Laroche, Martial, Cabot, le Commissaire, Guillaume, Clarisse, Invités, Barbillon.

**** Laroche, Martial, Cabot, le Commissaire, Clarisse, Guillaume, Barbillon.

LAROCHE. La preuve*... je vais vous la donner !

Il entre dans la maison.

MARTIAL, *bas à Cabot.* Est-ce qu'il voudrait nous jouer quelque tour de sa façon?

CABOT, *de même.* Je ne suis pas dans mon assiette** !

Coup de pistolet. Le Commissaire se précipite dans la maison, suivi de deux Soldats. Les autres empêchent la foule d'avancer.

MARTIAL, *à Cabot.* Tu vas voir qu'il nous vole nos deux cent mille francs !

CABOT, *de même.* Quelle indélicatesse!

Le Commissaire rentre ***.

TOUS. Eh bien ?...

LE COMISSAIRE. Le coupable s'est fait justice.

ARMAND. Monsieur Laroche est mort en avouant son crime.

MARTIAL, *au Commissaire.* Je vois, monsieur, que nous n'avons plus qu'à nous retirer.

LE COMMISSAIRE. Un moment, messieurs... (*Haut.*) Que l'on exécute mes ordres.

Aussitôt quatre individus s'élancent et se saisissent de Cabot, le Louchon et Piquevinaigre.

* Cabot, Martial, le Commissaire, Laroche, Clarisse, Guillaume, Barbillon.

** Guillaume, Clarisse, le Commissaire, Armand, dans la maison, Martial, Cabot.

*** Guillaume, Clarisse, le Commissaire, Armand, Barbillon, Martial, Cabot.

CABOT. Hein! comment? qu'est-ce que cela signifie?

LE COMMISSAIRE. Cela signifie, monsieur Cabot, que je vous arrête, vous et ces messieurs, par ordre du procureur du roi.

CABOT, *ôtant sa perruque.* Arrêtés!... qui donc nous avait dénoncés?

LE COMMISSAIRE. Monsieur Martial, dit l'Allumeur.

CABOT. Ah! le gueux!

MARTIAL. Je suis pincé. Et qui donc m'avait dénoncé, moi?

LE COMMISSAIRE. Vos complices.

MARTIAL. Ah! les gredins!

GUILLAUME. Quand je disais que je ne le sentais pas!

GALOU. Emballez pour la souricière!... les loups se mangent entre eux!

BARBILLON. Mes amis! v'là le cas ou jamais de chanter mon refrain!

TOUS.

Gais enfants du canal, répétons ce refrain:
De Pantin à Paris, de Paris à Pantin,
Vive, vive à jamais le canal Saint-Martin!
Pour le joyeux gamin,
L'honnête citadin,
Vive à jamais le canal Saint-Martin!

On emmène les Voleurs. On monte sur les bancs, sur les tables pour les voir passer. Guillaume, Clarisse et Armand forment un groupe à gauche. Galou, Barbillon, Mathieu et les Ouvriers à droite. Les autres au fond.

FIN.

Imprimerie de Mme Ve Dondey-Dupré, rue Saint-Louis 46, au Marais.

TOME XVII.

La Femme au salon, c.-v. 2 a. 40
Moustache, c.-v. 3 a. 40
Droits de la Femme, c.-v. 1 a. 30
M. de Coyllin, c.-v. 1 a. 30
La Pièce de 24 sous, c.-v. 1 a. 30
Fille de l'Air dans son Ménage, 30
Philippe III, tr. en 5 a. 50
L'Orphelin du Parvis, v. 1 a. 40
La Croix de Feu, mél. 3 a. 40
Pleck le Pêcheur, v. 1 a. 30
[illegible]nce, c.-v. 3 a. 40
L'Escroc du Grand monde, 3 a. 40
Les 3 Dimanches, c.-v. 40
Les Chiens du St.-Bernard, 5 a. 50
La Figurante, op.-c. 5 a. 50
La Comtesse de Chamilly, d. 4 a 40

TOME XVIII.

Le Sonneur de St.-Paul, 5 a. 50
Mademoiselle, c.-v. 2 a. 40
Maria Padilla, tr. 5 a. 50
Paul Jones, drame 5 actes par Alexandre Dumas. 50
Le Brasseur de Préston, op. 3 a. 50
Françoise de Rimini, t. 3 a. 40
Lady Melvil, c.-v. 3 a. 40
Tronquette, c.-v. 1 a. 30
Le Discours de Rentrée, v. 1 a. 30
Pierre d'Arrezzo, d. 3 a. 40
Les Coulisses, v. 2 a. 40
Le Marquis en Gage, c.-v. 1 a. 30
Le Puff, v. en 3 t. 40
Claude Stocq, d. 5 a. 50
Jeanne Hachette, d. 5. a. 50

TOME XIX.

Lekain, v. 2 a. 40
Diane de Chivry, dr. 5 a. par Frédéric Soulié. 50
Les trois Bals, v. 3 a. 40
Le Manoir de Montlouvier, 50
Dieu vous bénisse, v. 1 a. 30
Maurice, c.-v. 2 a. 40
Balthilde, d. 3 a. 40
Pascal et Chambord, c.-v. 2 a. 40
Maria, c.-v. 2 a. 40
La Bergère d'Ivry, d. 5 a. 50
Mlle de Belle-Isle, drame 5 a. par Alexandre Dumas. 50
Marie Rémond, d.-v. 3 a. 40
Simplette, v. 1 a. 30
Le Plastron, v. 2 a. 40

TOME XX.

L'Alchimiste, d. 5 a. 50
Naufrage de la Méduse, 5 a. 50
Balochard, c.-v. 3 a. 40
La Maîtresse et la Fiancée, 2 a. 40
Marguerite d'York, mél. 4 a. 40
Deux jeunes femmes, d. 5 a. 50
Rigobert, mél.-c. 4 a. 40
Gabrielle, c.-v. en 2 a. 40
La jeunesse de Gœthe, v. 1 a. 30
Émile, v. en 1 a. 30
Le Fils de la Folle, d. 5 a. 50
Il faut que jeunesse se passe, 40
Un vaudevilliste, 1 a. 30
Le Marché de St-Pierre, par Antier et Comberousse. 50
Amandine, c.-v. en 2 a. 40

TOME XXI.

Il était temps! v. en 1 a. 30
L'article 960, 1 a. 30
L'Art de ne pas monter sa gar. 30
L'Ange dans le monde, c. 3 a. 40
Christine, 5 a. par F. Soulié. 50
Les chevaux du Carousel, 5 a. 50
Laurent de Médicis, tr. 3 a. 40
Les 3 Beaux-Frères, v. 1 a. 30
Revue et Corrigée, c.-v. 1 a. 30
Le Loup de Mer, d. 2 a. 40
Christophe le Suédois, d. 5 a. par Joseph Bouchardy. 50
Le Proscrit, d. 5 a. 50
Le Massacre des Innocens, 5 a. 50
Thomas l'Égyptien, v. 1 a. 30
Clémence, c.-v. 2 a. 40

TOME XXII.

Le Château de Saint-Germain, 50
Les Bamboches de l'Année, r. 1 30
Commissaire extraordinaire, 30
Deux Couronnes, com. 1 a. 30
Les Enfans de troupe, c.-v. 2 a. 50
L'Ouvrier, drame en 5 actes, par Frédéric Soulié. 50
Tremb. de terre de la Martini. 50
La Famille du Fumiste, v. 2 a. 40
Les Intimes, v. 1 a. 30
La Madone, d. 4 a. 40
Les Prussiens en Lorraine, 50
Roland Furieux, f.-v. 1 a. 30
Un Secret, dr.-v. 3 a. 40
L'Abbaye de Castro, d. 5 a. 50
La Famille de Lusigny d. 3 a. 40

TOME XXIII.

Vautrin, d. 5 a. 50
L'Ouragan, d.-v. 2 a. 40
Aubray le Médecin, d. 3 a. 40
Les Honneurs et les Mœurs, 40
Les Dîners à 32 sous, v. 1 a. 30
Aînée et Cadette c.-v. 2 a. 40
Le Fils du Bravo, v. 1 a. 30
Bonaventure, v. 3 a. et 4 t. 40
L'Éclat de Rire, d. 3 a. 40
Cocorico, v. 5 a. 40
Souvenirs de la Marq. de V***. 30
La jolie Fille du faubourg, 40
Le fin mot, c.-v. 1 a. 30
Le Château de Verneuil, d. 5 a. 50
La Maréchale d'Ancre, d. 5. a. 50
Les Pages et les Poissardes, 40

TOME XXIV.

Bocquet Père et Fils, v. 2 a. 40
Le Mari de ma Fille v. 2 a. 30
La Chouette et la Colombe, 40
Quitte ou Double, c.-v. 2 a. 40
L'argent, la Gloire et les Femmes, v. 4 a. et 5 t. 50
Marguerite, d. 3 a. 40
Paula, d. 5 a. 50
Mon ami Cléobul, v. 1 a. 30
Édith, d. 4 a. 50
Un Roman intime, c. 1 a. 30
Lazare le Pâtre, d. 5 a. 50
L'École des Journalistes, c. 5 a. 50
Cicily, c.-v. 2 a. 40
Newgate, d. 4 a. 50
Le Père Marcel, c.-v. 2 a. 40

TOME XXV.

L'Hospitalité, v. 1 a. 30
Le Guitarrero, op.-c. 3 a. 50
La Fête des Fous, d. 5 a. 50
La Favorite, op. 4 a. 50
Le Neveu du Mercier, dr.-v. 3 a. 50
Le Perruquier, dr. 5 a. 50
Zacharie, dr. 5 a. 50
Tiridate, c.-v. 1 a. 40
La Bouquetière, dr.-v. 3 a. 40
Jacques Cœur, dr. 5 a. 50
L'École des Jeunes filles, d. 5 a. 50
La Protectrice, c. 1 a. 40
Manche à Manche, c.-v. 1 a. 40
Un Mariage sous Louis XV, par Alexandre Dumas. 50
Fabio le Novice, dr. 5 a. 50

TOME XXVI.

Une Vocation, com.-v. 2 a. 40
La Sœur de Jocrisse, v. 1 a. 40
Van-Bruck, com.-v. 2 a. 40
Le Marchand d'habits, dr. 5 a. 50
Mon ami Pierrot, c.-v. 1 a. 40
La Lescombat, dr. 5 a. 50
Zara, dr. 4 a. 50
Langeli, com.-v. 1 a. 40
Murat, pièce en 3 a., 14 tab. 50
Trois œufs dans un panier, 4 a. 40
Mathieu Luc, dr. 5 a, en vers. 50
Caliste, com.-vaud. en 1 a. 40
L'Aveugle et son Bâton, 1 a. 40
Paul et Virginie, dr. 5 a. 50
Les Enfants Blancs, dr. 5 a, 50
La Voisin, mél. 5 a. 50

TOME XXVII.

Ivan de Russie, tragedie. 50
Le Dérivatif, vaudeville. 40
Un Bas bleu, vaudeville. 40
Les Filets de Saint-Cloud. 50
Lorenzino, drame en 5 act., par M. Alex. Dumas 50
La Plaine de Grenelle, d. 5 a. 50
La Dot de Suzette, d. 5 a. 50
Amour et Amourette, v. 5 a. 50
Paris le Bohémien, d. 5 a. 50
Les Brigands de la Loire, d. 5 actes. 50
Margot, v. 1 a. 40
Paris la nuit, d. 5 a. 8 t. 50
Émery le négociant, d. 3 a. 50
La Salpêtrière, dr. 5 a. 50

PIÈCES NOUVELLES DU MAGASIN THÉATRAL.

La Dot d'Auvergne, v. 1 a. 40
Claudine, dr. 3 a. 50
L'Hôtel des 4 nations, c.-v. 40
Les Chanteurs ambulants, [illegible] 50
Séducteur et Mari, d. en 3 a. 50
Céline, c.-v. 2 a. 40
Les Pilules du Diable, 3 a. 20 t. 50
Les 2 Brigadiers, vaud. 2 a. 40
Le Roi d'Yvetot, op.-com. 3 a. 50
L'Auberge de la Madone, d. 5 a. 50
Les ressources de Jonathas, 1 a 40
Davis ou le bonheur d'être fou 50
Halifax, c. 4 a. avec prol. 50
La Belle-Amélie, c.-v. 1 a. 40
Le prince Eugène, 3 a. 14 t. 50
Le baron de Lafleur, c. 3 a. en v. 50
Vision du Tasse, 1 a. en v. 30
La Main droite et la Main gauche, drame en 5 actes. 1 f
Madeleine, dr. en 5 a. 50
Mlle de la Faille, d. 5 a. 9 t. 50
L'Extase, c.-v. 3 a. 50
Le Menuet de la Reine, 2 a. 50
Les Mille et Une Nuits, 4 a. 50
L'Enlèvement de Déjanire, v. 50
Redgauntlet, d. 3 a. avec pr. 50
Le succès, com. 2 en actes. 50
Le palais-royal, la bastille, 4 a 50
La chambre verte, c.-v. 2 a. 50
Les enfants trouvés, dr. 3 a. 50
La dr[illegible] d'A. Chénier, mon. 30
Le soleil de ma Bretagne, 3 a. 50
Un mauvais père, d.-v. 3 a. 50
Marguerite Fortier, d. 4 a. 1 pr. 50
La famille Re[illegible]ville, d. 3 a. p 50
Brisquet, c.-v. 2 a. 50
Les Grands et les Petits. 5 a. 50
Le Héros du marquis de 15 sous. 50
La jeune et la vieille garde, 1 a. 40
Les 2 Sœurs, c.-v. en un a. 40
Adrienne, vaud. en un acte, 40
Les Fumeurs, c.-v. en 2 a. 50
6,000 fr. de récompense, d. 5 a. 50
Les petites misères de la vie. 1 40
Gloire et perruque, v. en 1 a. 40
Les Demoiselles de St-Cyr. 5 1 f.
Le prisonnier en Sibérie, d. 3 é. 50
Lénore, drame en 5 actes. 50
Quand l'amour s'en va... v. 1 a. 40
Un Secret de famille, d.-v. 3 a. 50
Paris, Orléans et Rouen, v. 3 a. 50
Les Dévorants, c.-v. 2 a. 50
Un Jour d'orage, c. 40
L'Écrin, c.-v 3 a. 50
Les Bohémiens de Paris, d. 5 a 50
Paméla Giraud, dr. 5 a. 50
Don Quichotte et Sancho Pança, pièce en 13 tableaux. 50
Une Campagne à deux, c.-v. 1 a. 40
Le Déserteur, op.-com. 3 a. 50
Lucio, drame en 5 actes. 50
Pierre Landais, dr. en 5 a. 50
La Croix d'acier, dr. en 1 a. 30
L'Homme blasé, vaud. en 2 a. 50
Louise Bernard, drame en 5 a. par Alexandre Dumas. 50
Stella, drame en 5 actes. 50
L'Ombre, ballet. 30
Le Vengeur, drame en 3 a. 50
Le Théâtre et la Cuisine, v. 50
Les Iles-Marquises, revue en 2 actes. 50
Mémoires de deux jeunes Mariées, vaudeville en 1 acte. 40
L'art de tirer des carottes. 1 a. 40
Une Idée de médecin, v. 1 a. 40
Le Laird de Dumbiky, c. en 5 a. par Alexandre Dumas. 50
La duchesse de Châteauroux, dr. en 4 a. 50
Marjolaine, v. 1 a. 40
Molière au 19e siècle, c. 1 a. 40
Les trois amis, dr.-v. en 3 a. 50
Karel Dujardin, c. 1 a. 40
La Famille Cauchois, c. 5 a. 50
Le Vieux Consul, tr. en 5 a. 50
Champmeslé, c. 1 a. 50
L'Oncle à succession, c.-v. 2 a. 50
Jane Grey, tr. 5 a. 50
Alberta Ire, c.-v. 2 a. 50
Gazette des Tribunaux, v. 1 a. 50
Jacques le Corsaire, dr. en 1 a. 50
La Grisette de qualité, v. 3 a. 50
Le Mari à la campagne, c. 3 a. 50
Petits métiers de Paris, v. 3 a. 50
Qui se ressemble se gêne, v. 1 a. 40
Le Rôdeur, dr. 5 a. 50
Paris voleur, vaud. 6 a. 50
Don César de Bazan, dr. 5 a. 50
7 Châteaux du diable fér. 3 a. 50
Le Bal Mabille, c.-v. en 1 a. 40
Un Amant malheureux, v. 2 a. 50
Le maçon et le banquier, 3 a. 50
Calypso, féerie-myth. 3 tab. 50
Les 3 péchés du diable, v. 1 a. 40
L'Epicier de Chantilly, v. 2 a. 50
L'Étourneau, vaud. en 3 act. 50
Le Bachelier de Ségovie, c. 5 a. 50
Un mauvais ménage, dr. 3 a. 50
Aubry le Boucher, dr. 4 act. 50
Les orphelines d'Anvers, d. 5 a. 50
Jeanne d'Arc en prison, v. 1 a. 30
1res Armes du Diable, v. 3. a. 50
Au bord de l'abîme, v. 1 a. 50
Inès, dr. en 5 a. 50
Forte-Spada, dr. en 5 a. 50
Les trois loges, c.-v., 3 a. 50
Une bonne réputation, c. 1 a. 40
La Coqueluche du quartr, 1 a. 40
Cabrion, folie-vaud. 1 a. 40
Les ruines de Vaudémont 4 a. 50
Notre-Dame des abîmes d. 5 a. 50
La Tour d'Ugolin, c.-v. 2 a. 50
Parlez au Portier, v. 1 a. 40
La Biche au Bois, féer. 16 tab. 50
Le Tricorne enchanté, 1 a. 40
La Peste Noire, dr. en 5 a. 50
La mère Taupin, vaud. 3 a. 50
La Tour de Ferrare dr. en 5 a. 50
Une Soirée à la Bastille, c. 1 a. 40
Tom Pouff, à-propos, 1 a. 40
Sylvandire, roman en 4 ch. 50
Chacun chez soi, c.-v. 1 a. 40
[illegible]ame et Grisette, c.-v. 1 a. 40
Un changement de main. 2 a. 50
Le Brocanteur, v. 1 a. 40
Le Canal St-Martin, dr. 5 a. 50

Imprimerie DONDEY-DUPRÉ, rue Saint-Louis, 46, au Marais.

www.ingramcontent.com/pod-product-compliance
Ingram Content Group UK Ltd.
Pitfield, Milton Keynes, MK11 3LW, UK
UKHW012110240726
13965UKWH00004B/1667

9 782013 027434